Éditorial

Par Jean-Marc Leclerc

Fouché la dépeignait comme *« la police des voleurs, des filles et des réverbères »*, Clemenceau comme *« la seule police qu'une démocratie puisse avouer »*. La PJ incarne aujourd'hui une dimension morale qui fait de ses plus fins limiers les représentants d'une sorte d'aristocratie d'État.

Son temple parisien de la Préfecture de police, au 36, quai des Orfèvres, a migré au 36, rue du Bastion, dans le quartier des Batignolles, il y a quatre ans. Pour gagner en confort et coller à l'air du temps. Police des pulsions et des roueries, elle reste un miroir des tréfonds de l'âme et des crises de toute nature. Un extraordinaire observatoire social autant qu'un bras séculier. Une vigie également, face aux mutations du terrorisme.

Dans le maelström de la petite délinquance et de la violence du quotidien, à l'heure du djihadisme qui gangrène les cités, sur fond d'explosion des flux migratoires, les frasques du banditisme n'ont peut-être plus le même écho qu'il y a vingt ou trente ans. Où sont passées les figures du « 36 », les commissaires Bouvier, Fernet, Poiblanc, Jobard, Le Mouël, Le Taillanter, Aimé-Blanc, Morin, Ottavioli, Leclerc, Cancès, Mancini, Genthial, Querry, Monteil ? Les grands flics iconiques occupaient le devant de la scène médiatique bien avant l'avènement des *« petits juges »*. Leurs lointains successeurs se font plus discrets, un brin marginalisés sans doute par les hommes de cabinet. Et pourtant, ils ont la même passion du métier que leurs aînés. Ils le savent, en tout cas : le cycle du crime se perpétue. Tout comme l'après-Seconde Guerre mondiale a sonné l'essor de la criminalité organisée et des unités destinées à y faire pièce, les bouleversements mondiaux nés de l'actuelle crise sanitaire et bientôt économique augurent d'une recomposition de la voyoucratie.

Le Figaro a décidé d'ouvrir ses archives pour retracer l'épopée d'une police dont le salut viendra de sa capacité à s'adapter. Comme au temps du Tigre et de ses fameuses « brigades mobiles ». Les secrets de ces hommes et ces femmes d'honneur fascinent toujours autant, quelles que soient les générations.

Alors, au-delà des photos historiques que nous publions ici et des témoignages clés d'un Frédéric Péchenard, d'un Robert Broussard ou d'un Olivier Foll, qui nous livrent dans ces pages leurs dernières confidences, pourquoi ne pas illustrer cette saga par la BD ? C'est le parti pris de la rédaction, qui s'est appuyée également sur le dessin, pour que vive, en 180 pages, l'histoire de cette PJ éternelle. ■

Sommaire

LE FIGARO
14, boulevard Haussmann, 75009 Paris

Président
Charles Edelstenne

Directeur général, directeur de la publication
Marc Feuillée

Directeur général adjoint
Jean-Luc Breysse

Directeur des rédactions
Alexis Brézet

Rédaction en chef : Jean-Marc Leclerc

Directrice de l'édition : Anne Huet

Rédaction en chef édition
Valérie Maillard

Directeur artistique : Pierre Bayle

Direction artistique : Ganaëlle Tilly

Correction-révision
Bernard Breuil

Service Photo : Rosa Chevassu
et Stéphane Correa (rédacteur en chef)

Édition : Véronique Perruchaud

Documentation : Marie-Aude Bonniel-Duparc
et Sophie Guerrier

Avec la participation du service **Imagerie**

Réalisation et direction éditoriale
Pierre Doncieux

Éditeur : Robert Mergui

Directrice de la communication
Aurélie Broux

Directeur industriel : Marc Tonkovic

Responsable technique prépresse
Corinne Videau

Responsable de la fabrication
Emmanuelle Dauer

ISBN : 978-2-8105-0923-2
Achevé d'imprimer en juin 2021
sur les presses de l'imprimerie Pollina, France

Contributeurs

CHRISTOPHE CORNEVIN
Rédacteur en chef adjoint au service société du *Figaro.* Spécialiste des affaires de sécurité et de renseignement, il a publié en 2011 *Les Indics*, chez Flammarion.

CONSTANCE JAMET
Chef de rubrique au service culture du *Figaro,* spécialiste des séries télévisées. Membre de l'Association française de critiques de séries (ACS) depuis 2015.

JEAN-MARC LECLERC
Rédacteur en chef adjoint au service société du *Figaro.* Fils de l'ancien préfet Marcel Leclerc, qu'il accompagna dans la rédaction de ses mémoires, *De l'Antigang à la Criminelle*, paru en 2000 aux Éditions Plon.

JEAN CHICHIZOLA
Rédacteur en chef adjoint au service société du *Figaro,* spécialiste du terrorisme. Il est l'auteur d'un livre, avec Hervé Deguine, et d'un documentaire, avec Laurent Jaoui, sur l'affaire Copernic.

PAULINE LECLERC
Réalisatrice diplômée de l'Institut supérieur des arts appliqués (ISAA) de Paris en animation et effets spéciaux et de l'École de la cité de Luc Besson (promotion 2020-2021). Petite-fille du préfet Marcel Leclerc.

5.
6.
1.
1-105
DEC. 1975 307692
GARCIA-VASQUEZ
2.
3.
4.
BRI
ANTI-COMMANDO

Frédéric Péchenard a traversé toutes les grandes brigades du « 36 », avant de devenir patron de la PJ parisienne, puis préfet, DG de la police nationale. Il est aujourd'hui vice-président du conseil régional d'Île-de-France.

Frédéric Péchenard « Tant qu'il y aura des assassins, il y aura des Maigret »

Propos recueillis par Christophe Cornevin et Jean-Marc Leclerc

LE FIGARO. - Vous qui avez travaillé avec les grands anciens du « 36 », quel souvenir gardez-vous de cette génération ?

Frédéric PÉCHENARD. - Tous les policiers ont une vision émouvante de leurs aînés affichant des faits d'armes que les jeunes générations n'ont pas connus. À titre personnel, Ange Mancini est de ceux qui m'ont le plus ému et impressionné. Figure du 36, Quai des Orfèvres et créateur du Raid avant d'être préfet en Corse puis en Guyane, il a été un de mes modèles. Je me suis toujours inspiré de son art de commander, qui tient en une formule : rassembler plutôt que diviser. Je resterai aussi à jamais marqué par Jacques Genthial, qui nous a quittés en mai 2020. Il a montré qu'un grand flic doit être pétri de qualités à la fois professionnelles et humaines. La première fois que je suis rentré dans son bureau, il était chef de la brigade criminelle. Jeune commissaire du quartier Chaillot à Paris, je venais de découvrir des armes, des explosifs et des faux papiers dans un bureau du 16e arrondissement. J'avais aussitôt donné l'alerte au « 36 », ce qui permettra à la brigade criminelle d'interpeller un couple proche d'Action directe. Quand Genthial m'appela pour me féliciter, je m'étais retrouvé, intimidé, dans le bureau du patron de la Crim'. Le « 315 », celui de Maigret. J'avais 26 ans et j'ignorais alors que j'y passerais quelques années de ma vie.

FRÉDÉRIC PÉCHENARD, EX-CHEF DE LA BRIGADE CRIMINELLE, LE DIT SANS HÉSITER : « ON TROUVERA TOUJOURS DES TECHNICIENS. MAIS LE POLICIER DE DEMAIN NE DOIT PAS ÊTRE QU'UN TECHNICIEN. C'EST LA RAISON POUR LAQUELLE L'HÉRITAGE DES ANCIENS DE LA GRANDE MAISON EST SI PRÉCIEUX. »

On dit que les flics à l'ancienne sont moins lisses que les actuels chefs de service. C'est de la nostalgie déplacée ?

Je connais quelques commissaires ayant servi sous mes ordres et qui sont charismatiques. Je pense à Michel Faury, chef de la brigade criminelle, à Christophe Descoms, qui a fait toute sa carrière au sein de la police judiciaire de Paris avant de diriger celle de Versailles. Ou encore à Jérôme Bonet, devenu directeur central de la police judiciaire. Par le passé, il est vrai que beaucoup de commissaires de renom, tels que Claude Cancès ou Jean-Marc Bloch, avaient commencé leur carrière comme inspecteurs de police. Or, à la PJ, ces derniers étaient souvent des personnages atypiques ayant peu d'appétence pour l'uniforme. Ces fortes personnalités d'hier, qui pouvaient se présenter avec les cheveux longs, ont été érodées au profit des profils davantage standardisés, en effet plus lisses. Depuis la réforme de 1995 qui a créé le corps des officiers de police, l'institution s'est en quelque sorte « formatée » et les policiers, qui ne rentrent plus en PJ par vocation, changent de direction pour rejoindre la sécurité publique ou le renseignement. Jadis, il n'était pas rare que les jeunes rentrent à 20 ans au « 36 » et en ressortent à la retraite. Tous étaient habités par le mythe de Maigret…

Désormais, les nouvelles générations semblent tourner le dos à ce qui a longtemps été décrit comme un « métier de seigneurs ». Pourquoi ce désamour et comment ressusciter la flamme ?

Jeune, je ne rêvais que d'une chose : intégrer la brigade criminelle, mais les choses ont bien changé car il y a un certain désintérêt des policiers pour l'investigation en général. Cela est dû au recrutement puisque l'institution prépare surtout les chefs de demain à prendre un commandement et à porter l'uniforme. La police judiciaire n'est devenue qu'une mince partie de l'activité. Par ailleurs, ceux qui en font ▸▸

» partie ont moins de liberté qu'avant. Liberté d'action, liberté d'enquête et, surtout, liberté procédurale… Peu à peu, l'investigation a été corsetée par de plus en plus d'actes. Quand j'ai commencé, trois lignes suffisaient pour signifier sur PV qu'une personne était en garde à vue. Maintenant, il faut remplir quatre pages : la procédure pénale est devenue complexe, émaillée de demandes d'autorisations aux procureurs et à leurs substituts. Les enquêteurs passent des heures au téléphone, alors que les contraintes de temps demeurent. Quand une affaire ou des gardes à vue surviennent en fin de semaine, le week-end est sacrifié. Je me souviens d'avoir passé un Noël à travailler sur l'enlèvement d'un enfant. Mais cela était compensé par un plaisir de l'investigation qui, de nos jours, semble s'être évanoui.

Mais traquer un criminel ne devrait-il pas rester le nec plus ultra pour les policiers ?

Sans nul doute ! Si j'avais aujourd'hui 20 ans, je voudrais être commissaire et je choisirais sans hésiter la police judiciaire pour diriger un jour la brigade criminelle. Celle-ci me fait toujours rêver car c'est une brigade de tradition, avec ses codes et son banquet d'anciens dont certains, tel Maurice Gouny, avaient été policiers entre les deux guerres. Depuis lors, le métier a changé. Quand j'étais à la brigade criminelle, l'enquête de voisinage consistait à faire du porte-à-porte pour voir si quelqu'un avait vu quelque chose. Dorénavant, quand la Crim' prend une affaire, les deux premières priorités sont la téléphonie et la recherche de vidéos. Mais le fond, qui est de résoudre une énigme, reste fondamentalement le même.

Quelle aura été l'affaire la plus marquante de votre carrière ?

L'affaire qui m'a le plus marqué en tant qu'homme, c'est la tuerie de masse dans la mairie de Nanterre en 2002, perpétrée par Richard Durn. Elle aboutira au suicide du meurtrier qui se jeta du haut d'une fenêtre du Quai des Orfèvres. En tant que policier, il y a une autre affaire qui me hante, c'est celle du Grêlé. C'est la seule affaire de tueur en série dont j'ai eu à connaître que nous n'avons pu résoudre à la brigade criminelle. Le Grêlé est le surnom donné à un homme qui a assassiné en 1986 la petite Cécile Bloch, après l'avoir violée. En 1987, il a aussi assassiné un couple. L'ADN est bien celui d'un seul et même auteur, qui a aussi violé, sans les assassiner, trois petites filles. Depuis 1994, il n'a plus fait reparler de lui. Vingt fois, on a pensé l'avoir identifié et cela conduisait à de fausses pistes. Aujourd'hui, le commandant qui dirige le groupe des « cold case » à la Criminelle travaille toujours sur cette enquête. Pour ma part, j'attends toujours, je vous l'avoue, le coup de téléphone de mes anciens collègues pour qu'ils m'annoncent : « ça y est, on l'a trouvé ! ». C'est la seule affaire que j'ai vécue qui me laisse vraiment un goût d'inachevé et que j'aimerais, avant de mourir, voir solutionnée.

Jadis, les policiers ne comptaient que sur le flair et les aveux, jusqu'à ce que la police technique et scientifique devienne aujourd'hui incontournable et que les cyberenquêtes montent en puissance. Quels sont, selon vous, les futurs défis de la lutte contre le crime ?

L'enquête a changé parce que sont apparues des technologies nouvelles. D'abord l'ADN, qui d'ailleurs va encore changer. Pour moi, l'ADN, cela permet juste d'identifier quelqu'un. On a une trace génétique, on a un suspect, on les confronte : oui, non ; c'est lui, ce n'est ne pas lui. Cela a déjà changé beaucoup de choses dans les enquêtes. Mais ce n'est pas fini. Maintenant, la science criminelle est capable de dire : on a un ADN inconnu, il n'est pas dans la base de données, mais dans la base de données, il y a quelqu'un de sa famille. Aujourd'hui, on est déjà en mesure de faire une sorte de portrait-robot génétique de la personne. Demain, on aura sa photo avec l'ADN ! La technologie existe et va continuer à progresser. Il y a aussi tout le travail à partir de la téléphonie, l'exploitation des images de vidéoprotection et demain la reconnaissance faciale. Et puis, il y a le champ du cyberespace. Donc les qualités que l'on réclame aux policiers ont évolué. Les enquêtes réclament des profils de plus en plus techniques. Notamment pour suivre ce qui se passe sur internet et sa face cachée du darknet. Mais fondamentalement, je ne crois pas au flair. Je crois à une chose chez le policier, c'est l'expérience. Finalement, l'intuition, le flair, qu'on a tous ressentis, on s'aperçoit en l'analysant que ce n'est pas du flair ou de l'intuition, mais de l'expérience.

Un exemple concret ?

La première fois que je m'en suis aperçu, je me souviens, c'est dans une affaire où des policiers de la sécurité publique étaient intervenus. Il y avait du sang partout, une femme était morte. C'était apparemment une scène de crime épouvantable. Le substitut est arrivé, il a saisi la brigade criminelle et nous nous sommes rendus sur place. Pour tout le monde, c'était un homicide affreux. En arrivant, j'ai écouté, j'ai regardé, et de manière intuitive, je me suis dit : ce n'est pas forcément un meurtre. Et j'ai réfléchi. Pourquoi, alors que tout le monde dans la pièce me disait que c'était un crime atroce, alors que tout ce qu'on pouvait voir laissait penser, de prime abord, au pire scénario, pourquoi est-ce que moi, j'avais le sentiment que ce n'était pas une évidence ? Et en fait, j'ai compris que c'était le fruit de l'expérience. J'avais été sur tellement de scènes de crime, d'enquêtes-décès, de suicides, que rien dans ce que je voyais ne me permettait d'exclure la piste de la mort naturelle. Et les faits m'ont donné raison.

L'expérience est donc la clé ? Y a-t-il d'autres qualités fondamentales, à vos yeux ?

L'expérience est la première des qualités. C'est pour cela qu'à la brigade criminelle, on commençait comme sixième de groupe. Et qui était chef de groupe ? Des fonctionnaires de police qui avaient déjà une longue pratique du métier. La deuxième qualité de l'enquêteur, à mon sens, c'est ce que j'ai toujours appelé le doute. La force de la brigade criminelle, c'est de n'avoir jamais aucune certitude. On ferme toutes les portes, les unes après les autres. Et si on y déroge, on peut se précipiter sur la piste qui a l'air la plus simple, la plus évidente, qui est parfois la bonne, mais qui parfois n'est pas la bonne. Ce n'est pas parce qu'on a un ADN sur une scène de crime qu'on a un assassin.

« Aujourd'hui, on est déjà en mesure de faire une sorte de portrait-robot génétique de la personne. Demain, on aura sa photo avec l'ADN ! La technologie existe »

À quelle situation vous référez-vous ?

Très simple : une scène de crime, trois tasses de café, un cadavre. Trois ADN recueillis sur les tasses. L'un correspond à celui du mort. Les deux autres à des individus connus dans la base de données. Est-ce que pour autant, on a le nom du ou des assassins ? Évidemment, non. On a l'ADN de gens qui ont bu un café avec la victime. Mais si cela se trouve, c'était deux heures avant l'assassinat et ils étaient repartis bien avant les faits. C'est cela avoir le doute, mais un doute qui ne paralyse pas l'enquêteur. Un doute qui fait avancer. Il faut alors avoir suffisamment de recul pour analyser ce que la technique révèle. Et c'est là que joue l'expérience. Il n'y a rien de pire que de croire à 100 % à la technique.

Comment peut-elle induire en erreur ?

On a connu dans l'histoire des enquêtes des cas de transfert d'ADN, c'est-à-dire un élément contenant du matériau génétique et accusant une personne qui pourtant n'était pas l'auteur des faits. Des cas de transfert de poudre aussi ont existé. Je me souviens d'une affaire où nous fîmes un test par absorption atomique pour savoir si quelqu'un avait fait usage d'une arme ou non, et ce test l'accablait. Pourtant le suspect maintenait mordicus qu'il n'avait jamais tiré. Et il ne mentait pas. Il s'est avéré que le policier qui lui avait passé les menottes avait été, le matin même, à l'entraînement au tir. Il avait des résidus plein les mains et, en sortant ses menottes pour s'assurer du suspect, il avait déposé de la poudre sur ses mains et ses poignets. »

» Avec de l'expérience, un policier aurait su qu'il faut bien se laver les mains après être allé au tir… Et puis, j'ajouterai une dernière qualité, essentielle : la persévérance. Car le bon enquêteur va au bout du bout.

Des qualités humaines sont requises en somme…

Oui. On trouvera toujours des techniciens. Mais le policier de demain ne doit pas être qu'un technicien. C'est la raison pour laquelle l'héritage des anciens de la Grande Maison est si précieux.

En 2019, dans *Lettre à un jeune flic*, vous dressiez un sombre tableau de la police : « *L'édifice s'est lézardé comme une maison qu'on aurait mal entretenue* », écriviez-vous. Que manque-t-il pour la restaurer ?

Ce qui manque le plus, me semble-t-il, ce sont les moyens. J'ai en mémoire l'histoire que m'a racontée un jeune gardien de la paix d'un commissariat parisien. Il sort de l'école. Ses chefs le mettent aux plaintes. Il est ravi. Les belles affaires sont transmises aux collègues plus aguerris. Un jour, il hérite, à sa demande, d'une petite enquête qui n'intéresse personne. C'est son rêve. Il débute. Le commandant lui demande de trouver un collègue pour l'accompagner et aller interpeller un suspect. Il arrive au petit matin au commissariat, embarque son binôme dans la voiture que lui a prêté son patron. Elle ne démarre pas. Le brigadier de nuit lui remet les clés d'une deuxième voiture de service. Il prend le volant, fait 200 mètres et elle tombe en panne. Il revient au commissariat et enfin, la troisième voiture démarre et roule. Mais comme le gyrophare et le klaxon deux tons sont en panne, il se trouve englué dans les embouteillages. Il arrive bien tard, mais il finit quand même par interpeller son client. Voyez le moral qu'il faut à un policier pour aller arrêter un type dont tout le monde se fout et qui, d'ailleurs, a été libéré ! Mais il y a moins drôle : imaginez ce qu'ont pu ressentir les hommes de la BAC 78 quand, venant de serrer un voyou dans une cité, au pied des barres, leur voiture refuse de démarrer !

C'est à ce point ?

C'est leur quotidien et c'est grave. Car si on travaille avec des moyens dégradés, des commissariats insalubres, des voitures à bout de souffle, des ordinateurs qui rament, des gilets pare-balles périmés, on a l'impression d'un déclassement. Il y a trop de déséquilibres. Sur le budget de la police, la part de la masse salariale a augmenté au détriment du reste. Et pourtant, il y a eu par le passé des plans de modernisation de la police, sous Joxe d'abord, dans les années 1980, puis sous Sarkozy. Des moyens sont arrivés alors. Aujourd'hui, on fait du cosmétique. En vérité, pourquoi l'officier de police judiciaire ne peut plus faire les réquisitions qu'il souhaite et se voit ainsi contraint de lever le doigt et demander la permission au substitut du procureur ? C'est essentiellement un problème financier. On annonce aux services, par exemple, que sur un cambriolage, on ne peut pas faire plus de tant de prélèvements. Parce que cela coûte et qu'il n'y a pas assez d'argent. Voilà comment se pilote la machine. Pas dans des services comme la brigade criminelle évidemment. Celle-ci peut faire autant de prélèvements qu'elle veut. Mais la petite unité de police, elle, souffre de ces arbitrages. Or ce sont souvent les petites affaires qui mènent aux grosses. La perte d'efficacité est globale. Il faut corriger cela avec un plan de modernisation digne de ce nom.

> **« Si on travaille dans des commissariats insalubres, avec des voitures à bout de souffle, des ordinateurs qui rament, des gilets pare-balles périmés, on a l'impression d'un déclassement »**

Les années Sarkozy ont été marquées par une déflation des effectifs que vous avez pilotée. Était-ce une erreur ?

Que les choses soient claires. Quand j'étais directeur général de la police nationale, j'aurais préféré garder des hommes que de les perdre. Cela dit, on ne peut pas ramener sans cesse les questions de sécurité au nombre de policiers et de gendarmes. Ils sont 250 000 dans ce pays. Ce n'est pas rien ! Alors, bien sûr, pour faire du maintien de l'ordre, il faut du monde derrière les boucliers. Mais tout réduire aux effectifs est une façon très archaïque de voir les choses. La bonne question à se poser est : quelles missions pour la police et la gendarmerie ? Et, en fonction des besoins alors exprimés, quels moyens allouer ? Il faut repenser d'abord l'organisation. Malheureusement, réclamer en permanence des agents supplémentaires est l'alpha et l'omega de la pensée sécuritaire en France : « Il me manque dix, vingt, trente policiers dans mon commissariat ». Et certaines villes obtiennent en partie satisfaction, mais les effectifs sont aussitôt absorbés par la machine, sans gain durable pour la sécurité.

« Il faut repenser d'abord l'organisation. Malheureusement, réclamer en permanence des agents supplémentaires est l'alpha et l'omega de la pensée sécuritaire en France »

Vous voulez parler du saupoudrage ?

Oui malheureusement, alors que tout devrait découler des missions à accomplir. Certaines peuvent très bien être reprises par les polices municipales ou par des sociétés privées. Voilà des décennies que l'administration échoue à déléguer certaines tâches qui ne sont pas des missions de police : les gardes statiques, les procurations de vote, les transferts de détenus. Il faut un vrai continuum de sécurité, où chacun fait son travail. Les résultats ne dépendent pas forcément des effectifs en plus. À la Criminelle, il y a toujours eu une centaine de fonctionnaires de police. Au début des années 1990, quand j'y suis entré, il n'y avait pas plus de monde dans cette brigade que vingt ans plus tard. Par contre, le pourcentage de succès de résolution des homicides avait augmenté considérablement. Pourquoi ? Grâce aux progrès de la police technique et scientifique et notamment grâce à l'ADN. Mettre plus d'agents n'aurait sans doute pas changé grand-chose en termes de réussite dans les enquêtes. Ce qui est déterminant, c'est l'adéquation des moyens, la qualité des outils disponibles pour accomplir sa mission.

N'y a-t-il pas, malgré tout, dans la police des problèmes d'encadrement, quand on voit notamment à quel point les corps des officiers et des commissaires ont été réduits ?

Je fais, pour ma part, un premier constat : la police participe, de manière très importante, à l'ascenseur social. Aujourd'hui, la moitié des gardiens de la paix sont d'anciens adjoints de sécurité (ADS) ; la moitié des officiers sont d'anciens gardiens de la paix ; la moitié des commissaires sont d'anciens officiers et c'est très bien. Mon second constat est moins bon : il faudrait plus de postes en début de carrière qui soient des postes de terrain, pour les commissaires comme pour les officiers. Je cite mon exemple : les trois premiers postes que j'ai occupés, qui ont correspondu à mes sept premières années de vie professionnelle, sont aujourd'hui des postes qui sont fermés aux commissaires de police. Je pense qu'il faut revoir cela. Un commissaire de police, c'est un chef mais c'est aussi un policier. Or, le métier ne s'apprend pas dans les livres. La filature, l'interrogatoire, la perquisition, le maintien de l'ordre s'apprennent au contact des réalités du terrain. Ce long apprentissage fonde la légitimité du chef.

La police judiciaire a-t-elle de l'avenir ?

Vu le contexte, elle est plus actuelle que jamais. Tant qu'il y aura des assassins, il y aura des Maigret. ■

LE SOUFRE DES AFFAIRES

Un coup de feu, la chute d'un corps, l'angoisse des otages, l'horreur du terrorisme... La PJ n'a qu'une seule religion, celle des faits. Il y a souvent un monde entre la réalité des enquêtes et l'écho qu'elles suscitent. Existe-t-il une vérité policière ?

L'insaisissable Pierrot le Fou

PIERRE LOUTREL, GANGSTER. IL EST SOUPÇONNÉ DE ONZE MEURTRES, DONT PLUSIEURS DE GENDARMES ET DE POLICIERS. IMPITOYABLE.

Figure mythique du gangstérisme, flouté par Godard, le chef du gang des Tractions avant multiplie les coups de main dans l'atmosphère trouble de la Libération.

*Par Bertrand de Saint-Vincent**

Il y a des surnoms qui vous collent aux basques plus sûrement que n'importe quel limier. Ainsi de Pierrot le Fou... Pour un peu que Godard utilise votre pseudonyme comme titre d'un film culte de la Nouvelle Vague, vous voilà devenu héros de légende, belle gueule - de bois - incarnée par Belmondo et trahie par Anna Karina. Pieuse légende. Pierre Loutrel naît en 1918, à Château-du-Loir, village de la Sarthe. Fils de paysan, il fugue à 15 ans, s'engage comme mousse sur un bateau marchand pour faire le tour du monde. Sujet au cafard, à des accès de violence, il échoue en prison à Marseille ; en sort pour effectuer son service militaire dans les bataillons d'infanterie légère d'Afrique, dits les « Bat' d'Af' ». Une sorte de bagne qui vous brise ou vous bronze. Démobilisé, Pierre regagne Paris, fréquente la petite truanderie. Les Allemands sont là. Il se met à leur service au sein de la bande du « Grand René ». Des malfrats sans états d'âme qui, munis d'un ausweis, se livrent à leurs activités favorites - marché noir, racket, attaques à main armée - au profit de la Gestapo. Noir c'est noir. Loutrel s'enrichit. Chemises de soie, pompes à l'italienne, il tourne avenue Foch dans une Talbot-Lago rouge décapotable. C'est le roi du P38. Champagne au One-Two-Two, avec ses frères d'armes, Abel Danos, dit « le Mammouth », Henri Fefeu, dit « Riton le tatoué », Georges Boucheseiche, dit « le Gros Georges ». Loutrel boit comme un trou, multiplie les incidents.

La police, désorganisée, patine, peine à identifier ce Loutrel surnommé le Fou, le Dingue, le Louf. La nuit, il hante les bars, exhibe des liasses de billets, sème la zizanie avec son P38...

Un soir de juin 1944, au Chaplain, bar de Montparnasse, il est humilié au cours d'une bagarre. Quelques jours plus tard, il revient pour se venger. Un inspecteur de passage, Ricordeau, tente de s'interposer. Le gangster l'emmène en balade. Criblé de balles à l'arrière d'une Traction avant, le policier est jeté sur les pavés ; la Citroën fait marche arrière pour l'écraser. Il survivra. Pierrot le Fou ne recule devant rien. »

» Les Allemands, si ; devant les Alliés. Il est temps pour lui de rejoindre la Résistance. Il part pour Toulouse et infiltre le réseau Morhange, spécialisé dans l'exécution des traîtres et des collabos. Noble mission. En plein jour, il abat un officier allemand place du Capitole.

La Libération approche, Pierre, alias lieutenant d'Héricourt, se lie d'amitié avec Raymond Naudy, un grand brun, expert en mitraillette. En octobre, il braque un industriel. On le jette en prison. Il est libéré quelques jours plus tard ; il appartiendrait au DGER, service secret français, placé sous les ordres du colonel Passy. Mission secrète en Espagne, règlement de comptes. Pierrot nage en eaux troubles, réapparaît à Marseille l'été 1945. Un type l'identifie dans un bar. Il l'abat sans sommation. À Montmartre, il tombe sur Jo Attia, un ancien de Tataouine. Le costaud rentre de Mauthausen. Les deux hommes fraternisent. Sous les ordres de Pierrot, le gang compte désormais cinq membres fondateurs : trois gestapistes, Danos, Fefeu, Boucheseiche, un rescapé des camps, Attia, un FFI, Naudy. La France réconciliée. Action. Le 7 février 1946, vers 11 h 30, un vieillard minable remonte l'avenue Parmentier, à Paris. Deux convoyeurs sortent du Crédit lyonnais en portant de lourds sacs de jute. « *Mains sur la nuque !* » Le vieillard a sorti une mitraillette : c'est Loutrel. Émergeant d'une porte cochère, Naudy menace le chauffeur ; Fefeu surveille la banque. Boucheseiche bondit d'une Traction avant ; Attia est en embuscade. L'attaque dure une minute. Le gang empoche 3 millions. Trois jours plus tard, une camionnette des PTT est prise d'assaut. 8 millions. Puis le trésorier-payeur d'une usine d'Issy-les-Moulineaux est délesté de ses fonds. 7 millions. La bande a la bougeotte, se scinde en deux. Une partie se déplace dans le Sud. Comptoir d'escompte d'Aix-en-Provence ; Crédit lyonnais de Gap. Le 1er juillet, bureau des PTT de Nice. Pierrot et Naudy sont grimés en peintres en bâtiment. 33 millions. Un record. La police s'agite. Le 14 juillet, le commissaire Mattei fond sur Loutrel à l'hôtel Maxim's. Échange de coups de feu. Pierrot saute d'un mur, s'échappe au volant d'une Traction avant. En fin d'après-midi, sorti acheter des cigarettes, il est pris dans un contrôle d'identité. Il fausse compagnie à ses gardiens. Deux jours plus tard, à Paris, il attaque un fourgon de la Société générale ; puis vide un coffre-fort de la SNCF ; braque un fourgon postal rue de Maubeuge… Frénésie guerrière.

En voulant rengainer son colt, Pierrot le Fou vient de se tirer une balle dans le ventre. Ses complices logent une balle dans la nuque à sa propre femme, Marinette. Pitoyable

La police, désorganisée, patine, peine à identifier ce Loutrel que le milieu surnomme le Fou, le Dingue, le Louf. La nuit, il hante les bars, exhibe des liasses de billets, sème la zizanie avec son P38… Au Baccara, il croise Martine Carol. Leur rencontre tient de la légende. Il est ivre, l'actrice minaude. Finalement, il l'embarque sous la menace dans sa Delahaye. Tente-t-il de la violer ? Elle se rebelle. Il la frappe, l'abandonne du côté de Vincennes. Le lendemain, elle reçoit une corbeille de roses rouges avec ce mot : « *Avec les excuses de Pierrot le Fou* ». Le ministre de l'Intérieur, Édouard Depreux, fulmine : il faut en finir avec le gang. Tous les services sont sur les dents. Le règlement de comptes final aura lieu sur les bords de la Marne. Loutrel et sa bande sont censés se réunir aux Marronniers. Le 25 septembre, environ trois cent cinquante hommes de la Criminelle encerclent le café ; le directeur de la PJ et le préfet ont été convoqués. Il ne faut pas rater le spectacle. Mais le café est désert. Furieux, l'inspecteur Nouzeilles bouscule le tenancier. Soudain, un gamin surgit, réclame six paquets de Gauloises. À l'instinct, Nouzeilles décide de le filer. Bonne pioche. L'enfant franchit le pont, longe le quai, mène ses poursuivants à l'Auberge, à Champigny. La colonne des policiers traverse la Marne, encercle l'endroit. L'officier de police Casanova empoigne son porte-voix : « *Vous êtes cernés, rendez-vous !* » Les lumières s'éteignent. Un homme apparaît sur le seuil. Un coup de feu claque. Il tombe. C'est la guerre. Il est vingt heures, ça tire de tous les côtés. Hissé sur un appentis, le préfet brandit un 6,35. À l'intérieur de la salle, les clients ont plongé. Quelqu'un a prévenu la police : « *Venez vite, on est attaqué par des gangsters !* » Les flics de Nogent rappliquent ; aperçoivent des hommes en arme qui assiègent un restaurant. Ils tirent. La confusion est à son comble.

À l'intérieur de l'Auberge, un seul des ténors de la bande est présent : Boucheseiche. Loutrel, Attia picolent aux Sept Arbres, un café de Charentonneau. On les avertit du danger. C'est alors que l'un d'entre eux - Attia, Pierrot le Fou ? les versions divergent - bondit au volant de sa Delayahe. Éméché, il fonce vers Champigny pour sauver son copain. C'est du rodéo. La Delayahe force les barrages, stoppe devant l'auberge assiégée. Rafales de mitraillette. Le pilote parvient à s'enfuir, abandonne sa voiture un peu plus loin, les pneus crevés. 23 h 30, le préfet donne la charge. Tout le monde se rend. Bilan de l'opération : sept petits malfrats ; plus deux dames. Planqué au fond d'un puits, Boucheseiche échappera à la rafle. L'attaque fait la une de la presse. Pierrot le Fou est hissé au rang d'ennemi public numéro un. « *Le gang des Tractions avant a vécu* », plastronne le préfet. Mais aucun de ses chefs n'est sous les verrous. Pourtant, ils sont isolés. Le milieu les fuit, la police les traque. Fefeu est le premier à tomber, cueilli dans un bar de Montmartre. Entre deux crises d'éthylisme, Loutrel peaufine son nouveau casse : une bijouterie, rue Boissière. Le 6 novembre, il fait le coup seul, en état d'ivresse. Le bijoutier se défend. Pierrot tire. Puis se rue à l'arrière de la Traction avant dans laquelle l'attendent Attia et Boucheseiche. S'affale sur la banquette. La voiture démarre. Sauvé. Mais soudain, un coup de feu : en voulant rengainer son colt, Pierrot vient de se tirer une balle dans le ventre. Fin pitoyable.

« Le Fou » meurt cinq jours plus tard. Attia, Boucheseiche l'enterrent de nuit au milieu de la Seine, sur l'île de Gillier. Disparition secrète. Sauf pour sa femme, Marinette, qui refuse la version officielle. Elle menace. Les gangsters l'emmènent devant la tombe de Pierrot ; Boucheseiche lui colle une balle dans la nuque. Elle rejoint son homme. Pendant les trois années qui suivent, la police continuera à poursuivre un fantôme. Ses lieutenants tomberont un par un : le 10 juillet 1947, Jo Attia ; le 29 juillet, Boucheseiche. Le 30 octobre 1948, Naudy. Abattu. Cinq jours plus tard, Danos est ceinturé dans l'autobus après avoir dévalisé une chambre de bonne. Le 6 mai 1949, sur les indications d'un indic, la police exhibe les dépouilles de Pierre Loutrel. Une histoire de fou. ■

**Article publié dans* Le Figaro *le 4 août 2008.*

BIO EXPRESS

1918 : naissance de Pierre Loutrel.
11 février 1946 : braquage d'un fourgon des PTT.
1er juillet : casse de l'hôtel des postes de Nice.
14 juillet : Loutrel s'échappe du commissariat de Marseille, l'Évêché.
16 juillet : attaque d'un convoi de la Société générale à Paris.
25 septembre : siège de l'Auberge, à Champigny-sur-Marne.
6 novembre : attaque d'une bijouterie ; Pierrot le Fou se tire une balle dans le ventre.
11 novembre : mort secrète.
6 mai 1949 : inhumation.

Le 27 décembre 1967, la BRI a réussi l'affaire qui scella sa réputation, en coffrant la bande à Fournel, dit « le maréchal Joffre ». La technique du « flag » y a acquis ses lettres de noblesse.

Quand l'Antigang a « inventé » le flagrant délit

*Par Jean-Marc Leclerc**

« *Je suis déconsidéré.* » Quel plus beau compliment peut-on faire au policier qui vient de vous arrêter, lorsqu'on est un truand d'envergure ? Jean-Baptiste Fournel, célèbre braqueur des années 1960, a longtemps ressassé, dans sa prison, ce funeste jour du 27 décembre 1967 où les hommes de la brigade de recherche et d'intervention (BRI) du commissaire François Le Mouël l'ont fait tomber de son piédestal. Comment lui, le « maréchal Joffre » du crime, tacticien hors pair de la voyoucratie, a-t-il pu tomber comme un vulgaire demi-sel, au moment même où il allait mettre la main, avec six comparses, sur la recette que les grands magasins du Palais-Royal, à Paris, expédiaient à la Banque de France ? Dans ce Paris-là, on roulait en Simca 1000, en Peugeot 404, en Citroën ID 19. De Gaulle était à l'Élysée, Christian Fouchet à l'Intérieur. Chaque immeuble ou presque avait sa gardienne. Celle du modeste appartement du 15e où logeait Fournel lui donnait du « *Monsieur Jean* ». Un résident en or, « *le plus soigné, le plus poli, le plus distingué de tous. Toujours impeccablement mis : col glacé, vêtements du bon faiseur* ». Et d'ajouter : « *M. Jean, c'était le plus généreux de mes locataires. Chaque année, j'avais droit à 70 francs d'étrennes. C'est dommage qu'on l'ait arrêté avant le 1er janvier.* »

Aussi prévenant et galonné soit-il, « M. Jean » pouvait commettre des erreurs. Six mois avant le coup du Palais-Royal, un courtier en bijoux de la ville de Drancy sort de chez lui avec 150 000 francs de joyaux dans sa « marmotte ». Il est braqué à la mitraillette, dépouillé de tout. Mais, fils d'un courtier lui-même attaqué de la sorte, il a pris le réflexe de noter, depuis quelque temps, dans un petit carnet à spirale, tout événement lui semblant suspect. Justement, une voiture l'a filé il y a peu et il a noté sa plaque d'immatriculation : 1515 RH 75.

Providence ! La recherche effectuée par la police mène à une vieille connaissance que l'on ne savait pas si imprudente : Fournel. Il a filé le courtier avec sa voiture personnelle, une Renault 8. Interdit de séjour dans le département de la Seine (Paris, à l'époque), il est sorti de la centrale de Poissy depuis 1962 et se « refait la cerise » en braquant à tours de bras. Il a pris comme lieutenant Jean Bout, 40 ans, alias le Catcheur. Et non des moindres ! Ce colosse a ravi le titre de champion du monde mi-lourd à Stan Karoly dans les années 1950. Une époque où catchait également avec brio un certain Lino Ventura. *France-Soir* rapporte : *« Selon ses amis, Jean Bout était bon, serviable, généreux, mais les femmes tenaient une trop grande place dans sa vie. »*

SIX MOIS DE FILATURE

La police lance des recherches sur la R8 et planque aux domiciles connus de son propriétaire. Elle découvre que Fournel est bien entouré, qu'il forme ses hommes comme un commando et qu'il prépare un gros coup. C'est le moment de lui faire échec, une bonne fois pour toutes. Comme sa plaque d'immatriculation en 1515 rappelle une célèbre bataille, la PJ, facétieuse, décide d'appeler cette dernière traque « l'opération Marignan ». Et voici comment le « maréchal », dont chaque repérage était discrètement photographié par la police, se trouve, un après-midi glacial de décembre, cerné de toutes parts par vingt-cinq gaillards de la jeune Antigang. La brigade avait déjà à son actif l'arrestation de Jean-Jacques Casanova, le ravisseur de Madeleine Dassault, épouse de l'industriel Marcel Dassault. Fournel ne s'était douté de rien. Ces « *G-Men* », comme les désignait alors la presse, ont semblé surgir de nulle part, deux minutes avant que le fourgon des magasins du Louvre ne sorte bourré de beaux billets et de sacs de pièces. Fournel avançait à pied, encadré du Catcheur et d'un certain Fornera, dit « le Dingue ». Il espérait bloquer le véhicule à la précieuse cargaison avec deux Estafette qu'il avait fait amener sur la place. L'une était occupée par Prouilhac, dit « le Boiteux », « sans profession » et par Piazza, alias « Sauveur », « se disant cultivateur ». Dans l'autre se tenaient Luciani, alias « Fan-Fan », « commerçant », et Panzani, dit « Jojo », officiellement « barman ».

Les policiers ont dévalé comme des diables des échafaudages dressés à proximité. Certains sont arrivés à pied ou en deux-roues. Quelle débâcle pour le « maréchal » ! Sous les fenêtres du Conseil d'État. Et devant 200 à 300 témoins qui se pressaient pour faire leurs courses, entre deux fêtes. Six mois de filature, 100 millions d'anciens francs sauvés des griffes des prédateurs, quelques bourre-pifs distribués au détour, pour le principe, et un seul coup de feu parti dans la mêlée entre les policiers de choc et les sept malfaiteurs encagoulés armés comme des porte-avions (grenades, pistolets 11,43, mitraillettes Mat 49). La balle a traversé la vitrine d'un snack et éraflé un braqueur récalcitrant vite calmé. Le tir a été effectué par l'officier de police adjoint Robert Feugas. Qui n'était autre que le père d'une jeune fille qui allait devenir, bien des années plus tard, la première femme directrice centrale de la police judiciaire, Martine Monteil. ▸▸

» Les noms des policiers qui émergent du rapport de synthèse rédigé après l'arrestation ont de quoi faire rêver. On y retrouve celui du commissaire Roger Le Taillanter, alors patron de la brigade de voie publique parisienne, qui partage ce succès avec Le Mouël, mais aussi celui du commissaire Lucien Aimé-Blanc, autre légende du 36, Quai des Orfèvres. Et puis les OPJ Plouy, Objois, Lecuire, et tant d'autres. N'oublions pas Fredo Venier, chef de groupe. Ce truculent pilier de la BRI était connu dans la Grande Maison pour avoir tiré un jour sur la statue équestre d'Henri IV, érigée square du Vert-Galant. Ce qui lui valut le surnom de Ravaillac.

UNE MÉTHODE RÉVOLUTIONNAIRE

L'affaire du Palais-Royal a scellé, de façon éclatante, une technique policière qui a fait école depuis, jusque dans la traque antiterroriste. Car, même si, en ce temps-là, les policiers ne se masquaient pas le visage derrière des cagoules, les hommes en noir de l'actuelle BRI, ceux qui se sont illustrés dans les opérations spectaculaires consécutives aux attentats islamistes de 2015 et 2016, sont bien les héritiers de cette police du flagrant délit. Une méthode qui a révolutionné la police d'intervention en France. Tellement révolutionnaire que *Le Canard enchaîné* lui consacra sa une du 3 janvier 1968, sous le titre : « *Les "incorruptibles" et le hold-up du Nouvel An* ». L'amertume pointe tout de même sous la plume de l'impertinent palmipède : « *Appartient-il aux flics de décider que le malfaiteur est trop vert ; qu'il faut le laisser mûrir avant de le cueillir, bonne pomme à point ? Juristes, le code déclare-t-il que, seuls, de tous les nuls de France, ceux de la brigade antigang sont censés ignorer la loi ?* » Las ! La justice a suivi.

Fournel et ses hommes ont eu beau nier, ils étaient « faits aux pattes ». *Le Figaro* du 28 décembre 1967 rapporte qu'ils ont affirmé « *candidement* » n'avoir jamais formé ce projet de braquage. « *Quant aux armes dont ils étaient porteurs, ils prétendent les avoir trouvées en se promenant.* » La bombe lacrymogène saisie sur le Catcheur ? Il s'en est expliqué : « *C'était pour me défendre contre les attaques nocturnes car les rues ne sont pas sûres en ce moment…* »

C'est précisément pour vaincre l'amnésie récurrente des vrais professionnels du crime que fut inventée l'Antigang. Cette brigade est née en 1964 d'une intuition de Max Fernet, alors directeur de la PJ parisienne. Il avait constaté que lorsque la police s'attaque aux gros voyous par la voie de l'enquête traditionnelle, elle réussit à identifier les auteurs mais peine à prouver leur implication. Conclusion logique : autant inverser la démarche et ne pas attendre que le mal soit fait pour s'intéresser à eux. Il fallait un service spécialisé, capable de détecter les individus dangereux, de les épier dans l'ombre et de les prendre en flagrant délit, pour établir la preuve irréfutable de leur culpabilité. Le Mouël, ce Breton opiniâtre, fut le premier patron de la BRI, avant de rejoindre d'autres horizons, pour faire tomber notamment la French Connection.

Il y a un peu plus de cinquante ans, son succès du Palais-Royal fut le point d'orgue d'un plan habilement conçu et courageusement réalisé. Car la tactique du « flag » n'est pas sans risques. Le droit, en tout cas, l'autorisait. Indispensable aujourd'hui, l'incrimination d'association de malfaiteurs, en relation ou non avec une entreprise terroriste, puise ses racines les plus concrètes dans la stratégie audacieuse de ces flics inspirés. ■

**Article paru dans* Le Figaro *le 27 décembre 2017.*

Précurseurs du crime mécanisé, ces gangsters obligèrent la PJ à s'équiper de voitures pour pouvoir les pister. Des « bêtes féroces ».

Lorsque la bande à Bonnot semait la panique

*Par Christophe Cornevin**
avec Pauline Leclerc (bande dessinée)

Leurs forfaits ont marqué la naissance du crime mécanisé. Ils ont écumé Paris et ses faubourgs en réinventant l'attaque de la diligence dans un genre moderne et corrigé. Nous sommes en 1911 et 1912, quand les courses-poursuites se font en tacots pétaradants et les balles de 9 millimètres transpercent le bourgeois en redingote au nez et à la moustache des policiers parisiens. Le nombre de criminels qui fréquentèrent ce groupe ne fut jamais réellement connu. Ni de la police, ni des historiens, ni de Jules Bonnot lui-même, le chef de cette bande qui sema la panique et la mort sur sa route. De leurs aventures, il reste une avalanche d'articles de presse, quelques fiches signalétiques manuscrites exhumées des fichiers de la police et de belles photos de limousines Delaunay-Belleville au volant desquelles Bonnot »

» et ses sbires ont signé leurs meurtriers braquages.

Le 21 décembre 1911, les journaux du soir font soudainement leur manchette sur de mystérieux « *bandits tragiques* ». Quelques heures auparavant, Jules Bonnot et son complice Raymond Callemin, dit « Raymond la Science », venaient de signer leur premier forfait, blessant grièvement par balle, au beau milieu de la rue Ordener, à 9 heures du matin, un petit employé de la Société générale. Le butin est faible (5 000 francs) mais la psychose gagne quasi immédiatement le public. Jour après jour, ils jouent du browning avec une monstrueuse avidité. Les vols de voitures accompagnés du meurtre d'un automobiliste sur la route de Melun, les cambriolages d'armureries boulevard Haussmann et l'assassinat d'un gardien de la paix place Saint-Lazare s'enchaînent à un rythme affolant. Plus d'une dizaine de cadavres sont ramassés, criblés de balles en à peine un trimestre. Les hommes de la police judiciaire de Paris passent des nuits blanches. Le 24 mars 1912, le sous-chef de la sûreté est froidement abattu dans une boutique d'Ivry de la main de Bonnot, intronisé chef de bande en raison des connaissances techniques acquises en tant que mécano chez Berliet.

Quatre heures de tirs ininterrompus et l'emploi massif de dynamite auront raison des derniers de ces enragés

EMPLOYER LES GRANDS MOYENS

La presse oublie le *Titanic*, qui a sombré une semaine plus tôt, et se met à publier les photos des cadavres laissés en chemin par les criminels en automobile. Le sujet est assez grave pour que les députés en débattent à la Chambre, avant de se résoudre à employer les grands moyens : acheter huit voitures à la PJ et relier les commissariats parisiens entre eux par les fils du téléphone. Ces efforts et quelques dénonciations anonymes font tomber ces malfrats un à un. Le pavillon de Bonnot, à Choisy-le-Roi, repéré par un pharmacien chez qui l'ennemi numéro un s'est fait soigner, est cerné un dimanche d'avril par une quinzaine d'inspecteurs et une poignée de chasseurs salivant à l'idée de tirer le « gros gibier ». Quatre heures de tirs ininterrompus et l'emploi massif de dynamite auront raison de la « bête féroce », à la satisfaction des milliers de Parisiens qui viendront en fiacre, en train ou à pied pour contempler les décombres. Ils ignoraient encore que le bal sanglant des attaques de banques au XXe siècle ne faisait que commencer. ■

**Article paru dans* Le Figaro *le 24 août 1999.*

1910. La Belle Époque pour les gens à chapeaux. Mais dans les fractures de la modernité, la classe ouvrière s'éveille. L'anarchie est ma loi.
Le département de la Seine compte à peine cinq mille autos. Le peuple circule à cheval ou à vélo, y compris les condés.
4H -66
La science progresse, dit-on, autopsie à tout-va, et rêve d'identifier les brigands grâce à leurs empreintes digitales.
GARAGE
HUILES RENAULT
Tout s'accélère et moi, Jules Bonnot, 34 ans, mécanicien prolétaire, je vais mettre le crime sur quatre roues pour faire rendre gorge au bourgeois.

Bonnot Jules
J'arrive de la ville des canuts et je revendique le droit à la «reprise individuelle». «Illégalistes», qu'ils nous appellent. Nous reprenons seulement ce qu'ils ont volé aux travailleurs.
Depuis que ma femme s'est fait la malle, ma famille, c'est ma bande: Garnier, dit «le Terrassier», Callemin, alias «Raymond la science», et puis Dieudonné, Soudy et tant d'autres insoumis.

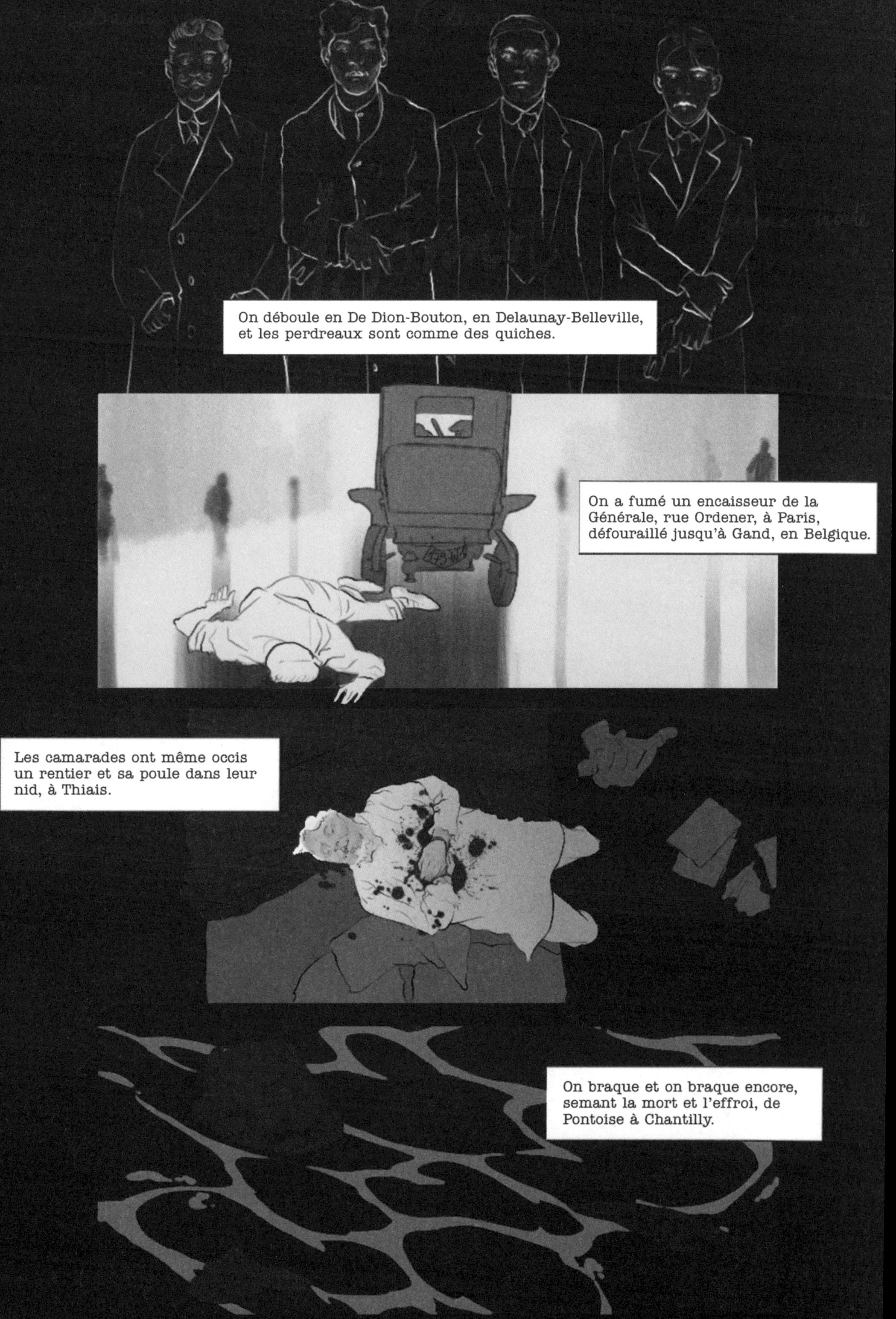
On déboule en De Dion-Bouton, en Delaunay-Belleville, et les perdreaux sont comme des quiches.
On a fumé un encaisseur de la Générale, rue Ordener, à Paris, défouraillé jusqu'à Gand, en Belgique.
Les camarades ont même occis un rentier et sa poule dans leur nid, à Thiais.
On braque et on braque encore, semant la mort et l'effroi, de Pontoise à Chantilly.

24 avril 1912. Jouin, le sous-chef de la Sûreté, croit me serrer à Ivry-sur-Seine.
Je lui en loge plusieurs dans le buffet. Il a cané et j'ai pu fuir. La bande a pris cher, mais rien ne m'arrêtera.
Trois jours plus tard, notre repaire de Choisy-le-Roi est encerclé par une armée.
Des flics, des chasseurs et même des zouaves. Trop d'honneur.

À la dynamite qu'ils nous exterminent! Moi, je meurs sous les balles.
Mon testament était clair : «Je suis incompris dans la société. J'ai le droit de vivre et puisque votre société imbécile et criminelle prétend me l'interdire, eh bien tant pis pour elle, tant pis pour vous ! »

Dossiers sulfureux et personnalités hors norme

HENRI LANDRU, LE « BARBE-BLEUE DE GAMBAIS »

Henri-Désiré recrutait par petites annonces. Il fut décapité en 1922 pour avoir tué dix femmes.

GAMBAIS. Le nom du village maudit sonne étrangement comme dans un roman de Proust. C'est pourtant là, dans cette bourgade des Yvelines, que s'est nouée une des affaires criminelles les plus médiatisées de ce début de siècle. Nous sommes dans les années 1920 et la France au sortir de la Grande Guerre se réveille soudain avec un des noms qui a signé l'acte de naissance du meurtre en série : Henri-Désiré Landru. *« C'est un homme grand, maigre aux épaules voûtées. Une figure singulière, osseuse, aux tempes creuses, au long nez mince. Une barbe châtain clair, assez longue et courte sur les joues. Des sourcils épais au-dessus des yeux. Bizarres et bien inquiétants ces yeux. »* Cette description quasi clinique est publiée à la une du *Figaro* daté du 8 novembre 1921, au moment du procès de celui que la presse a inlassablement caricaturé et que le public a surnommé « Barbe Bleue ». Ses victimes s'appelaient Thérèse Marchadier, Léopoldine Jaume, Marie Pascal, Célestine Buisson, Anna Collomb, Berthe Héon ou encore Georgette Cuchet : au total, une dizaine de veuves modestes que l'on verra disparaître, entre 1915 et 1919, au bras d'un même homme de petite taille, ganté et coiffé d'un canotier.

« RÉPUTATION D'UN COMIQUE »

Henri-Désiré attirait ses proies en passant de petites annonces dans les gazettes : *« Monsieur, quarante-cinq ans, seul, sans famille, situation 4 000, ayant intérêts, désire épouser dames d'âges, situation en rapport. »* Landru recevra des milliers de réponses et rencontrera au total 283 Parisiennes. Une cinquantaine furent séduites. Sur chacune, en véritable petit fonctionnaire du crime, il a dressé des fiches cartonnées venant alimenter de méticuleux classements macabres. Sur l'un de ses maîtresses, il écrira notamment *« Brune boulotte, rigide. Vulgaire,*

HENRI LANDRU. DÉCAPITÉ LE 25 FÉVRIER 1922.

voix éraillée... » Il les conviait ensuite à se reposer dans son *« nid d'amour »* des Yvelines. Le voyage se faisait en chemin de fer. Doté d'un cynisme achevé, Landru prenait systématiquement deux billets : un aller-retour pour lui et un aller simple pour ses maîtresses... Sur place, il les poignardait avant de les découper à l'aide des dizaines de serpes et de scies achetées entre 1916 et 1918. Les morceaux humains étaient jetés dans le four de sa cuisine.

Les enquêtes des brigades du Quai des Orfèvres mettent en scène des « clients », tueurs ou trafiquants, qui sortent de l'ordinaire. Celle sur la mort de la princesse de Galles nourrit toujours les fantasmes vingt-quatre ans après les faits

Landru sera interpellé en avril 1919 par un certain Belin, inspecteur de la brigade criminelle de l'époque. Les macabres exploits de ce *« monstre effroyable, avec la réputation d'un comique de café-concert »* ont fait les choux gras des journaux de l'époque jusqu'à ce qu'un jury populaire décide de lui trancher la tête le 25 février 1922, pour l'assassinat de dix femmes, d'un adolescent, de trois chiens et d'un chat. Sans l'ombre d'une preuve matérielle, si ce n'est 900 grammes de cendres récupérées dans son four. *« Landru est populaire,* reconnaîtra encore *Le Figaro* lors d'un compte rendu d'audience. *Les deux syllabes à la fois sonores et un peu burlesques de son nom ont aidé à cette popularité. Tout ce que dit ou fait ou mange ou boit Landru dans sa cellule semble intéresser l'univers, bien plus que la baisse du mark. »* En 1985 encore, des passionnés pousseront les enchères à 42 000 francs pour acquérir sa paire de lunettes. ■

CHRISTOPHE CORNEVIN

Article paru dans Le Figaro *le 23 août 1999.*

MARCEL PETIOT, « DOCTEUR SATAN »

Juifs désireux d'échapper à la déportation ou malfrats en quête d'exil... Le monstrueux assassin revendiquera 63 victimes.

MARCEL PETIOT. GUILLOTINÉ LE 25 MAI 1946.

AU TERME d'un procès-fleuve devant la cour d'assises de Paris, le 4 avril 1946, le docteur Marcel Petiot excelle dans son rôle de monstrueux mégalomane. À la stupeur générale, il ne revendique pas moins de soixante-trois assassinats, alors que l'accusation ne lui en reproche « que » vingt-sept. Deux heures trente de délibérations suffisent aux jurés écœurés pour le déclarer coupable de la mise à mort de quinze juifs et de neuf autres personnes. Des candidats à l'exil qui ont fini leur voyage sous la chaux vive de celui que l'on surnomma le « docteur Satan ». Le lendemain, *Le Figaro* dresse un long portrait du sinistre personnage au *« regard fatigué »* : *« La joue bleue, le front de marbre, l'arcade sourcilière creuse et la bouche dédaigneuse, le docteur regarde ceux qui sont venus le voir. Et peut-être que son orgueil goûte alors une sorte de cruelle, d'amère vengeance... »* Sa trajectoire sanglante survient dans une France meurtrie par la guerre où un fait divers devait être particulièrement extraordinaire pour attirer l'attention d'un public las d'avoir vécu quatre ans durant sous le feu des bombes. Le degré ⏩

» d'ignominie du locataire du 21, rue Le Sueur dépassa toutes les attentes.
Marcel Petiot est né le 17 janvier 1897 à Auxerre. À 24 ans, le médecin installe son premier cabinet à Villeneuve-sur-Yonne dont il devient cinq ans plus tard le député-maire. Surviennent soudain deux étranges décès, dont celui d'une riche veuve retrouvée assassinée dans un incendie criminel. Une semaine plus tard, un boulanger, qui s'était vanté de l'assassinat, décède brutalement à la suite d'une piqûre contre les rhumatismes faite par le diligent docteur Petiot.

DÉSÉQUILIBRÉ AMORAL

Fuyant la mauvaise rumeur et coupant court à toute carrière politique, il s'installe à Paris. Sa kleptomanie maladive lui vaut un placement en hôpital spécialisé entre août 1936 et février 1937. En dépit du fait qu'il paraît être un *« déséquilibré constitutionnel amoral, de comportement social défectueux »*, les experts concluent que Petiot *« ne présente aucun trouble psychopathique susceptible de justifier la prolongation de son internement »*. Dont acte, ce collectionneur d'œuvres d'art ressort libre et acquiert, en mai 1941, le fameux hôtel particulier de la rue Le Sueur, dans le 16e arrondissement de Paris. Mettant à profit les lois raciales instaurées par l'occupant contre les Juifs, le docteur organise un faux réseau de passeur qu'il baptisera cyniquement « Fly-Tox ». Une à une, il attire ses victimes dans l'antichambre de son cabinet. Juifs voulant fuir les déportations ou malfrats désireux de se trouver une place au soleil, ces nantis sont prêts à bourse délier pour gagner l'Amérique latine. Petiot leur conseille de laisser sur place bijoux, argenterie et meubles. Le bon docteur revendrait le lot et leur ferait parvenir l'argent les sachant une fois en sécurité. Prétextant un vaccin préventif contre d'éventuelles maladies infectieuses, Petiot injecte un poison mortel à ses naïfs patients qu'il immergeait ensuite dans la chaux vive. Puis les restes des corps étaient incinérés dans un grand

LADY DIANA. DÉCÉDÉE LE 31 AOÛT 1997, LORS D'UNE COLLISION DANS LE TUNNEL DE L'ALMA, À PARIS.

calorifère. Après un feu de cheminée le 11 mars 1944, les sapeurs-pompiers y découvrent des lambeaux de chair, une main de femme puis un charnier entier. Petiot, se sachant recherché par le commissaire Massu, de la brigade criminelle, prend l'identité d'un inconnu mort en déportation, s'improvise capitaine et prend une part active dans la chasse aux collaborateurs.

Confondu par son écriture, il est appréhendé en octobre 1944, à la station de métro Saint-Mandé. Chez plusieurs amis, les policiers retrouveront quarante-cinq malles et valises remplies d'effets personnels. La collection de meubles hétéroclites qu'abritait son hôtel particulier permis de faire le rapprochement. Sur un des murs de sa cellule, le « docteur Satan » laissera cette phrase en guise d'épitaphe : *« Ce que j'ai fait c'est par esprit sportif que je l'ai fait. Je ne demande même pas remerciement. »* Le 25 mai 1946 au petit matin, Petiot se dirigera vers la guillotine dressée dans la cour de la Santé avant de lâcher, cynique et souriant, à son bourreau : *« Je suis un voyageur sans bagage. »* ■ **C. C.**

Article paru dans Le Figaro *le 25 août 1999.*

DIANA : ENQUÊTE HOLLYWOODIENNE POUR UN ACCIDENT

Après la mobilisation de moyens exceptionnels, l'enquête Diana a conclu à un simple accident de la route. Sans que cette évidence fasse taire les « conspirationnistes ».

JAMAIS sans doute dans l'histoire de la police autant de moyens auront été mobilisés pour ce qui s'est révélé être un banal accident de la circulation. Deux juges d'instruction, des dizaines d'enquêteurs, des centaines de milliers d'euros engloutis... l'enquête Diana a des airs de superproduction hollywoodienne, à l'image de la tempête médiatique et de l'émotion planétaire soulevées par la mort de la mère du futur roi d'Angleterre. D'emblée, les autorités françaises font le choix de l'exemplarité dans les investigations en saisissant la brigade criminelle de la Préfecture de police, spécialisée dans les affaires d'envergure, mais aussi dans les dossiers sensibles. La Crim' a pour mandat de livrer une enquête impeccable qui coupera court, sans toutefois parvenir à les étouffer, aux théories du complot fomenté par Londres. Une femme est particulièrement consciente de cette nécessité. Martine Monteil, qui deviendra un jour directrice centrale de la police judiciaire, est à l'époque la patronne de la Criminelle. Cette petite-fille, fille et épouse de policiers, ne perd pas de temps. Elle motive ses troupes : quelques décennies après le mythique Maigret, le monde entier va avoir les yeux fixés sur le Quai des Orfèvres et il faut être au-dessus de tout soupçon. Dans les mois qui suivent, les syndicats de police bougonneront parfois en dénonçant la gabegie de moyens mais, à la Crim', les troupes suivront et ne renâcleront pas devant un travail fastidieux. La méthode est quasi militaire. Réunion matinale pour fixer les objectifs des groupes créés pour suivre tel ou tel aspect de l'enquête. L'après-midi, débriefing et réflexion pour la réunion du lendemain. À noter que la « patronne » tient à associer très tôt les inspecteurs de Scotland Yard, dépêchés à Paris et qui assistent à l'ensemble de ces réunions. ▸▸

➧ Suivant la méthode avérée dite du « rouleau compresseur », tout est passé au crible. Un groupe se charge de l'audition des photographes et d'un motard de presse qui suivaient la voiture de Diana. Mis en examen pour « homicides involontaires » et « non-assistance à personne en danger », ils bénéficieront d'un non-lieu en septembre 1999. La demi-douzaine d'analyses du sang du chauffeur, Henri Paul, établit que son alcoolémie était d'1,8 gramme par litre de sang. L'homme avait, par ailleurs, pris plusieurs médicaments incompatibles avec l'absorption de boissons alcoolisées. Ces analyses seront contestées par les tenants du complot, qui n'hésiteront pas à affirmer qu'on avait sciemment analysé un autre sang que celui de Monsieur Paul ! Les contre-expertises confirmeront les premières conclusions.

MYSTÉRIEUSE FIAT UNO

La Mercedes accidentée sera examinée treize mois durant par les gendarmes de l'IRCGN, qui concluent, en novembre 1998, à l'absence de sabotage ou de défaillance mécanique.
Dernière tâche de la Crim' : l'audition des témoins qui, de près ou de loin, ont eu à connaître de l'accident de l'Alma. Certains confirmeront que Monsieur Paul avait peut-être un peu trop bu. Un couple évoquera surtout une mystérieuse Fiat Uno blanche sortie du tunnel cette nuit-là, et dont le conducteur jetait des regards inquiets derrière lui.
Les policiers retrouveront des débris de clignotant arrière et des traces de peinture blanche sur les flancs de la Mercedes. Le modèle est identifié : une Fiat Uno « Bianco Corfu », construite entre 1983 et 1987. Plus de 3 000 propriétaires vivant en région parisienne seront entendus. Dix ans après, un policier nie farouchement l'information selon laquelle le conducteur aurait été identifié : *« Il a été très probablement à l'origine de la perte de contrôle de la voiture de Diana. Si nous l'avions retrouvé, nous l'aurions entendu et annoncé publiquement, d'autant plus que c'est le seul échec de cette enquête. »*
Voilà probablement l'ultime pied de nez d'une affaire hors norme. Après des années d'un travail minutieux, fermant une à une les portes de la conspiration, le mystère planant autour de « l'homme de la Fiat Uno » alimentera encore pendant des années les fantasmes de ceux qui refuseront toujours de croire qu'une princesse des cœurs peut mourir dans un accident de voiture. ■ **JEAN CHICHIZOLA**

Article paru dans Le Figaro *le 31 août 2007.*

LES AVEUX TARDIFS DE

L'assassin de Laetitia Toureaux, en 1937, ne fut jamais inquiété, bien qu'il se soit expliqué par lettre, vingt-cinq ans après les faits.

UNE JOLIE femme est retrouvée seule, poignardée dans un wagon du métropolitain. Personne n'a vu le meurtrier ni y rentrer ni en ressortir. Le mystère dura pendant de longues années. La brigade criminelle explorera les théories les plus diverses pour expliquer l'inexplicable.
Précisément un quart de siècle après les faits, c'est-à-dire au moment de leur prescription, une incroyable lettre tapée à la machine arrivait sur le bureau du directeur de la police judiciaire. Rédigée par le meurtrier lui-même, elle expliquait par le menu les circonstances du drame.
Le Quai des Orfèvres n'avait plus qu'à classer le volumineux dossier intitulé « Laetitia Toureaux » avec un vilain goût d'échec en travers de la gorge.
Le 16 mai 1937, à 18 h 30 très exactement, le corps ensanglanté de Laetitia Toureaux, 30 ans, est retrouvé par des voyageurs dans un wagon de première classe, à la Porte-Dorée. La jeune

femme, seule dans la voiture, a la carotide tranchée. Transportée entre la vie et la mort à l'hôpital Saint-Antoine, elle y décède peu après. D'emblée, la brigade criminelle comprend que sa tâche sera ardue. Deux jours après, *Le Figaro* consacre sa une à « L'énigme du métro ». *« Son meurtrier l'épiait-il dans les couloirs de la station ? »*, s'interrogeait le journal qui ajoute : *« La vraisemblance suppose de la part du criminel un extraordinaire sang-froid, une maîtrise qui trahirait le geste d'un "tueur" professionnel... »*

LAETITIA TOUREAUX. TUÉE LE 16 MAI 1937. UN CRIME RÉVÉLÉ PAR SON AUTEUR VINGT-CINQ ANS APRÈS LES FAITS.

300 LETTRES DE DÉNONCIATIONS

« Tueur professionnel » : le mot est lâché, mettant le Quai des Orfèvres en ébullition. Des mois durant, la Crim' passe au peigne fin les fréquentations de cette ouvrière dans une usine de cirage. Mais les pistes tournent court et la belle mécanique policière s'enraye. Plus de 300 lettres de dénonciations, plus calomnieuses les unes que les autres, livreront chacune le nom d'un coupable idéal (créanciers, bruyants voisins de palier, amants...), brouillant définitivement les pistes. L'explication n'interviendra qu'en 1962, par le bon soin de La Poste, par lettre envoyée au siège de la PJ parisienne. *« Monsieur le commissaire, vous souvenez-vous de l'assassinat de Laetitia Toureaux qui eut lieu porte de Charenton, dans le métro ? Je suis l'assassin (...) Pourquoi l'assassin d'un crime réputé parfait vient-il raconter son forfait plus de vingt ans après ? Sans doute ai-je besoin de me libérer... »* Fournissant des détails irréfutables sur les circonstances de cette *« tragédie »* en fait liée à un dépit amoureux, un médecin du Midi expliqua qu'il avait *« plongé le couteau dans la gorge »* de celle qui avait repoussé sa *« cour respectueuse »* avant de remonter, tout simplement, dans un wagon voisin de deuxième classe. *« Je n'ai plus de remords et il me semble vous raconter l'histoire d'une autre. Je ne pense pas être un criminel, du moins un criminel-type et j'aurais sans doute bénéficié de circonstances atténuantes »*, se permit de conclure ce père de famille. Identifié, il ne fut jamais inquiété. ■ **C.C.**

Article paru dans Le Figaro *le 26 août 1999.*

Un meurtre sans cadavre, sans aveux et des suspects qui narguent encore la justice cinquante-six ans après les faits ! Le rapt et la disparition de Ben Barka, principal opposant au roi du Maroc Hassan II, ont laissé des traces à Beauvau.

Le mystère Ben Barka

MEHDI BEN BARKA, CHEF DE FILE TIERS-MONDISTE, EN 1959. LE SCANDALE DE SA DISPARITION EN FRANCE A POUSSÉ DE GAULLE À REFORGER LA POLICE NATIONALE.

Par Jean-Marc Leclerc

« L'enlèvement et la disparition en France de Mehdi Ben Barka, principal opposant au roi du Maroc Hassan II, ont laissé un goût amer aux hommes du Quai des Orfèvres, chargés de l'enquête. Une blessure d'autant plus profonde que des inspecteurs de la Mondaine étaient impliqués dans ce crime ! Aujourd'hui, bien des acteurs du dossier sont morts. Une instruction est toujours ouverte à Paris, qui piétine. C'est que le secret d'État pèse encore lourdement sur cette procédure des deux côtés de la Méditerranée. La police judiciaire avait pourtant approché la vérité et ouvert la voie à deux procès qui ont eu lieu, avec des condamnations à la clé. Au moins ce scandale a-t-il incité de Gaulle à réformer l'organisation policière ; en faisant rentrer la Préfecture de police (PP) de Paris dans le rang ; en faisant de la PJ-PP une direction régionale comme les autres ou presque ; en unifiant le recrutement et la formation de tous les policiers de France. L'affaire Ben Barka demeure ce bain trouble dans lequel fut trempé le glaive de la police nationale d'aujourd'hui.

Le vendredi 29 octobre 1965, Mehdi Ben Barka a rendez-vous avec le cinéaste français Georges Franju et le journaliste Philippe Bernier chez Lipp, boulevard Saint-Germain, à Paris (6e), pour évoquer un projet de documentaire. En arrivant devant l'hôtel Taranne (actuel Hôtel Au Manoir, qui jouxte la brasserie), il est abordé par deux hommes qui lui exhibent une carte de police et l'invitent à les suivre. Il monte à bord de leur 403 noire. On ne le reverra jamais plus. L'alerte est donnée par le jeune étudiant marocain qui l'accompagnait ce jour-là. Pour sa part, Abdelkader Ben Barka, frère de Mehdi, porte plainte pour rapt et séquestration le dimanche 31 octobre. Jean Caille, un commissaire des RG parisiens, confirme à la hiérarchie de la PJ que Ben Barka a bien été arrêté par deux authentiques policiers, Louis Souchon, chef du groupe des Stups à la Mondaine, et son adjoint Roger Voitot. En présence d'Antoine Lopez, chef d'escale d'Air France à Orly, mais aussi honorable correspondant d'un agent du SDECE (ancêtre de la DGSE). Lopez a pour officier traitant le colonel Marcel Leroy, dit Finville. Souchon demande à voir le patron de la PJ-PP, Max Fernet. Reçu séance tenante, il confirme avoir interpellé Ben Barka pour l'amener à un rendez-vous politique dans une villa de la grande banlieue, à la demande de Lopez, pensant que l'opération était couverte au plus haut niveau de l'État. Comprenant que l'inspecteur principal a été berné, Fernet lâchera cette phrase restée célèbre dans la « maison poulaga » : « *Vous avez assassiné la police judiciaire !* »

Max Fernet, le «pacha» du «36», s'exclame, en recevant l'un des deux naïfs de la Mondaine qui livrèrent Ben Barka à ses bourreaux: «Vous avez assassiné la police judiciaire!»

L'enquête de la Criminelle, dirigée alors par Maurice Bouvier, démarre mal. Ce grand flic place Lopez en garde à vue. Ce personnage filandreux, considéré comme un agent double (au minimum), finit par lâcher sur PV le nom de celui qu'il présente depuis le début comme le commanditaire du rapt : le général Mohamed Oufkir, ministre de ▸▸

» l'Intérieur du royaume chérifien. Or celui-ci participait justement la veille à un cocktail avec des officiels à Beauvau ! Cet intime du roi du Maroc est-il encore à Paris ? Trop tard ! Il vient de quitter le pays par avion, il y a deux heures à peine. Un beau ratage. Et les révélations se succèdent, accablantes. Dans la 403 noire, il y avait un cinquième homme : Julien Le Ny, gangster notoire. Ses occupants se sont rendus à Fontenay-le-Vicomte (ex-Seine-et-Oise, aujourd'hui l'Essonne), dans la villa de Georges Boucheseiche, ancien de la Gestapo et de la bande de Pierrot le Fou. Tenancier de maisons closes au Maroc, avec la bénédiction des autorités, cette brute a elle-même pris en charge la victime. Boucheseiche était assisté de deux autres crapules : Jean Palisse et Pierre Dubail.

Le 8 novembre, un mandat d'arrêt international visant Boucheseiche est délivré. Ses sbires sont aussi recherchés. Tous se sont certainement évanouis pour gagner le Maroc. Bouvier n'apprend officiellement que le 11 novembre, par sa hiérarchie, que les inspecteurs Souchon et Voitot sont impliqués. La Crim' perquisitionne aussitôt la Mondaine. Du jamais vu. Mais que de temps perdu ! Le ministre de l'Intérieur français, Roger Frey, en prend pour son grade. Selon Alain Peyrefitte, de Gaulle résumera d'un trait le démarrage cahoteux des hommes de la PJ dans cette affaire : « *Ils n'ont pas trouvé très vite. Ils étaient paralysés par le copinage. Ils sont restés entre le zist et le zest. Ils sont restés huit jours avant de coffrer leurs collègues.* »

L'instruction confiée au juge Louis Zollinger est tendue. Le 12 novembre, le magistrat lance des commissions rogatoires internationales pour entendre le général Mohamed Oufkir et le commandant Dlimi, directeur de la police du Maroc. Selon Antoine Lopez, tous deux se seraient rendus à la villa où a été amené Mehdi Ben Barka. Était-ce simplement pour lui parler ou bien pour le torturer avec leurs sinistres associés ? Rabat les couvre, en tout cas, et s'oppose aux actes d'instruction. À ce stade, il est manifeste que les Marocains ont monté ce traquenard, avec la complicité de truands de la pire espèce, de barbouzes et de deux soldats perdus de la PJ, trop naïfs, à tout le moins.

Entre alors en scène un personnage totalement fantasque : Georges Figon, repris de justice, marginal, mégalomane. L'enquête avait permis d'établir qu'il se trouvait à la brasserie Lipp avec Franju et Bernier. Était-il la chèvre, l'intermédiaire qui a servi à monter ce funeste rendez-vous ? Il s'en défend, inonde la presse d'interviews. Il accuse Bouvier de l'avoir arrêté et de l'avoir soudoyé pour le faire taire. Insensé ! Figon finit par se suicider le 17 janvier 1966 dans son appartement parisien du 14, rue des Renaudes, dans le 17e, alors que la police vient de frapper à sa porte pour l'arrêter. Un authentique suicide que l'opinion aura peine à croire, tant l'affaire sent le soufre. De Gaulle frappe un grand coup. Il fait requérir un mandat d'arrêt

De Gaulle résuma ainsi le démarrage cahoteux des policiers dans cette affaire : « Ils n'ont pas trouvé très vite. Ils étaient paralysés par le copinage. Ils sont restés entre le zist et le zest. Ils sont restés huit jours avant de coffrer leurs collègues »

international contre le général Mohamed Oufkir, limoge le patron du SDECE, service qu'il rattache au ministère des Armées et non plus à Matignon.

Le juge Zollinger boucle son information judiciaire. Le 5 septembre 1966 s'ouvre le premier procès d'assises à Paris. Souchon, Voitot, Lopez, Leroy-Finville et Bernier, au rôle jugé ambigu, sont dans le box. Oufkir, Dlimi et Milou Tounsi, alias Larbi Chtouki, l'un de leurs complices, agent des services secrets marocains soupçonné d'être l'un des membres du commando, sont absents. Boucheseiche et sa clique demeurent introuvables. La cour auditionnera en tout 167 témoins. Des débats tristement éclairants. Soudain, Dlimi débarque au palais de justice, se présentant de façon théâtrale pour « *laver son honneur* », proclame-t-il. Bouvier le fait arrêter illico. Procès interrompu. Un complément d'information est ordonné. Le procès reprendra le 17 avril 1967. Verdict, le 5 juin : réclusion criminelle à perpétuité, par contumace, pour Oufkir, Chtouki et les quatre voyous français en cavale ; huit ans de prison pour Lopez, six pour Souchon ; acquittement pour Dlimi, Bernier, Voitot et Leroy-Finville.

Mais les comptes ne sont pas encore soldés. Mohamed Oufkir, à la suite d'un coup d'état manqué contre le roi du Maroc Hassan II, le 16 août 1972, sera « suicidé ». Le commandant Ahmed Dlimi trouvera la mort le 25 janvier 1983 dans un accident de voiture, à Rabat. Boucheseiche et sa bande n'ont plus fait parler d'eux, étant sans doute devenus pour les Marocains des hôtes encombrants...

Reste une inconnue : où est passé le cadavre de Mehdi Ben Barka ? Bouvier a fait draguer des étangs, exploré maintes pistes. Il n'a rien trouvé. En 1975, Bachir Ben Barka, fils aîné de l'opposant marocain, a déposé une nouvelle plainte pour éviter la prescription du dossier. En 2000, la levée partielle du secret-défense en France dans cette affaire n'a permis aucune avancée majeure. Les juges Jean-Baptiste Parlos puis Patrick Ramaël, professionnels réputés, s'y sont cassé les dents, faute de coopération du Maroc, même sous Mohammed VI. Certains ont imaginé pouvoir découvrir les restes de Ben Barka à Courcouronnes, dans l'Essonne, dans un jardin de la Nièvre ou sur l'île de la Grande-Jatte, près du pont de Neuilly. D'autres, au Maroc, ont affirmé que la tête de l'opposant avait été exhibée comme un trophée au palais royal, juste après l'enlèvement, avant d'être enterrée dans un bagne local. On a dit également que le corps avait été dissous dans de l'acide fournit par le Mossad israélien à ses amis marocains. D'aucuns ont même assuré que la dépouille avait été ramenée en avion-cargo et jetée à la mer ou inhumée dans une mine désaffectée.

Les derniers secrets de cette affaire extravagante dorment peut-être dans les armoires fortes de quelque service drapé dans la raison d'État, entre Paris et Rabat

Qui saura jamais ? Les derniers secrets de cette affaire extravagante dorment peut-être dans les armoires fortes de quelque service drapé dans la raison d'État, entre Paris et Rabat. Pour le Quai des Orfèvres, en tout cas, ce crime reste un mystère. La famille Ben Barka réclame toujours la vérité. ■

Comment des soldats perdus gravitant aux frontières des services secrets et d'anciens policiers du renseignement ont ciblé Marie-Hélène Dini, chef d'entreprise du Val-de-Marne.

Les francs-maçons, les « barbouzes » et la coach

*Par Christophe Cornevin**

MARIE-HÉLÈNE DINI, « COACH » PSYCHOTHÉRAPEUTE. ELLE A ÉCHAPPÉ DE PEU AU PIRE.

Un réseau maçonnique, des profils de « barbouzes » qui frisent la caricature, des soldats perdus gravitant au limes des services secrets et d'anciens policiers du renseignement, tous de mèche pour occire une coach hypnotiseuse de la banlieue parisienne : jetés ainsi pêle-mêle pour faire tourner à plein régime la machine à fantasmes, les protagonistes de cette histoire pourraient alimenter une trame folle et extravagante comme Audiard n'aurait jamais osé l'imaginer. En levant un coin du voile cependant, cette ubuesque association de malfaiteurs cache en fait une minable affaire de règlements de comptes. Et, peut-être, d'autres assassinats ou tentatives qui pourraient défrayer la chronique. Seule une enquête serrée et méthodique de la brigade criminelle de Paris a permis de tirer un à un les fils de cette surréaliste affaire. Celle-ci démarre au cœur de l'été par un épisode digne des *Pieds nickelés* : le 24 juillet 2020 au petit matin, un équipage de la brigade anticriminalité de Créteil contrôle une Clio noire signalée volée dans laquelle se trouvent deux hommes gantés et faisant le guet. Vêtus de sombre, ils se sont fait repérer, comme des « amateurs », par un riverain qui a donné l'alerte. La fouille du véhicule permet de découvrir des couteaux de dotation de l'armée, des capuchons d'oreille en général utilisés par les sicaires avant un passage à l'acte, ainsi qu'un pistolet 9 mm approvisionné. Une cartouche est déjà chambrée et le canon, surmonté d'un silencieux de fortune, fabriqué à parti d'un sachet de Pom'Potes rempli de coton. Dans la voiture qui les mène au commissariat, les deux suspects font d'emblée des déclarations fracassantes, soutenant être affectés au Service action (SA) de la Direction générale de la sécurité extérieure (DGSE). En garde à vue, ils affirment qu'ils s'apprêtaient à tuer Marie-Hélène Dini, une « coach » psychothérapeute de 54 ans pratiquant l'hypnose, soi-disant agent du Mossad. Les espions d'opérette racontent qu'elle aurait « recruté » pour les services secrets israéliens, puis qu'elle livrait des informations classifiées. Mais cette thèse abracadabrantesque se flétrit et vole en éclats à mesure des auditions.

Vérifications faites auprès de la DGSE, Pierre B. et Carl E. sont en réalité des militaires du rang de l'armée de terre de 23 et 28 ans, chargés de filtrer les entrées du Centre parachutiste d'entraînement spécialisé de Saran, dans le Loiret, l'une des bases du SA. N'ayant jamais été formés aux missions du « service », ces « gardes-barrières », habilités au secret de la défense nationale par la force des choses, ne pouvaient par définition pas être chargés d'une quelconque mission opérationnelle. Ce que la brigade criminelle, saisie au regard de la sensibilité du dossier, a établi de manière indubitable.

Un équipage de la brigade anticriminalité de Créteil contrôle une Clio noire signalée volée dans laquelle se trouvent deux hommes gantés et faisant le guet

Comme dans un jeu de dominos, les policiers du « 36 » vont faire tomber les complices les uns après les autres jusqu'au présumé « cerveau » de la machination. Grâce à des multiples recoupements téléphoniques et aux auditions, ils se rendent d'abord compte que les deux tueurs « baltringues » de Créteil étaient en contact avec Sébastien L., un agent de sécurité versé dans la protection rapprochée et présenté comme *« très dangereux et traînant dans les contre-allées des services »*. Possible recruteur des hommes de main, ce dernier est placé sous mandat de dépôt le 28 juillet. S'il reconnaît avoir monté une *« équipe »* avec l'aide de Yannick P., ex-policier du renseignement reconverti comme formateur et expert judiciaire agréé dans la détection des faux documents, Sébastien L. refuse de livrer le nom du commanditaire, qu'il nomme juste « le Vieux » et qui selon lui *« fait peur... »* Opiniâtre, la brigade criminelle accu- ⏩

» mule les indices et les interrogatoires très fouillés. À la faveur de ses investigations, les policiers décident de convoquer le 21 janvier dernier la compagne de Sébastien L. et de mener une perquisition à son domicile. L'enquête rebondit quand les policiers découvrent dans son téléphone mobile le nom de Daniel B., un ancien commandant. Pointant à l'ex-Direction centrale du renseignement intérieur (DCRI), il s'est reconverti lui aussi dans le conseil et l'intelligence économique. Bingo ! Sa trajectoire est comme familière pour les enquêteurs, qui l'interpellent à son tour le 22 janvier.

Un projet d'assassinat est découvert. Il vise un pilote de rallye, disparu en novembre 2018 et depuis lors jamais réapparu

L'énigme est levée. Passant aux aveux, l'ex-flic se dit membre d'une loge maçonnique située à Puteaux, dans les Hauts-de-Seine, et au sein de laquelle le « vénérable maître », Jean-Luc B., n'est autre qu'un « coach » rival de Marie-Hélène Dini. Le contentieux qui les opposait depuis des mois s'était transformé en une véritable haine. Les policiers tiennent alors un mobile en béton. Avec l'aide d'un autre frère de la même loge, « ancien vénérable » grenouillant lui aussi dans la sécurité privée, Daniel reconnaît avoir fait appel à Sébastien L. et ses hommes de main pour « effacer » la « coach » de Créteil. « Ma cliente avait alors prévu de créer un groupement de type syndical pour réglementer les pratiques de la profession et cela ne faisait pas que des heureux. Son concurrent risquait de ne plus être labellisé », confie au *Figaro* son avocat Me Joseph Cohen-Sabban. En octobre 2019, Marie-Hélène Dini avait été molestée et son ordinateur lui avait été arraché. À l'époque, la chef d'entreprise ne pouvait imaginer que ses agresseurs lui adressaient là un premier et ultime avertissement. Dans une série de notes imprudemment rédigées et retrouvées par la police, les diaboliques à la petite semaine avaient échafaudé des stratagèmes pour la faire disparaître par le poison, lors d'un meurtre maquillé en suicide ou encore lors d'un tragique « accident » de voiture. D'un trait, Me Cohen-Sabban résume ainsi l'histoire : « *C'est une affaire terrifiante où se croisent des militaires qui ont oublié le mot scrupule et le sens du devoir, des opportunistes à l'affût du moindre billet de 50 €, des barbouzes qui naviguent dans les eaux troubles de la sécurité privée et un homme d'affaires véreux qui utilise la maçonnerie pour régler ses comptes professionnels.* » Le tableau, déjà bien scabreux, pourrait se noircir davantage avec la découverte, en perquisition, d'un projet d'assassinat visant un pilote de rallye, disparu en novembre 2018 et depuis lors jamais réapparu vivant. Et celui d'un syndicaliste de l'est de la France, qui n'a pas été mis à exécution. ■

**Article paru dans* Le Figaro *le 4 février 2021.*

ISSEI SAGAWA APRÈS SON ARRESTATION LE 14 JUIN 1982. CONDUIT ICI PAR LE COMMISSAIRE JACQUES POINAS (À GAUCHE), ALORS CHEF DE GROUPE À LA CRIM'.

Le commissaire et le Japonais cannibale

*Par Olivier Foll**

Ancien directeur de la PJ-PP, Olivier Foll nous livre son récit inédit d'un crime qui défraya la chronique dans les années 1980. C'est lui qui interrogea Issei Sagawa, ce Japonais chétif, amateur de chair humaine et de littérature.

Lorsque, au début des années 1980, des promeneurs découvrent, dans une valise près du lac du bois de Boulogne, les restes tronçonnés d'un cadavre, j'effectue ma permanence de chef adjoint à la brigade criminelle. Les morts violentes sont ▸▸

OLIVIER FOLL,
L'UN DES BRETONS DU
36, QUAI DES ORFÈVRES.
IL EN PRIT LA DIRECTION
DE 1995 À 1997.

» le lot quotidien des hommes et des femmes de la Crim'. Mais je suis loin d'imaginer alors à quel point cette affaire va marquer ma vie de policier…

Issei Sagawa, 32 ans, a jeté son dévolu sur une jeune hollandaise, Renée Hartevelt, 24 ans, cheveux bruns, coupe à la garçonne, grands yeux expressifs. Une fille rayonnante. Tous deux sont étudiants. Renée a un petit ami. Son camarade japonais, rencontré à Censier un mois plus tôt, le sait. Du haut de son 1,52 mètre pour 35 kg, ce lilliputien n'a aucune chance. Il n'est guère attirant, avec sa tête macrocéphale à la calvitie naissante, masquée par une longue mèche qui lui tombe piteusement sur le front. Inscrit en doctorat de littérature comparée, il est indéniablement cultivé cependant, parle un excellent français et se passionne pour nos grands classiques. Il aime par-dessus tout la poésie.

Le 11 juin 1981, il fait venir sa camarade pour un atelier de lecture dans son studio, au premier étage du 10, rue Erlanger, dans le 16e arrondissement de Paris. C'est la troisième fois qu'elle vient chez lui pour lire des textes en allemand. Ils badinent d'abord dans la chaleur de l'été, lisent un peu. Soudain, vers 17 h 30, il se fait pressant. Prétendant l'aimer, il lui propose de coucher, sans plus de cérémonial. Renée refuse ses avances. Elle rit, pense qu'il plaisante. Alors, il fait mine de se résigner, lui demandant de reprendre sa lecture à voix haute des vers de Johannes Robert Becher, qu'elle enregistre sur un magnétophone. Mais la machine à tuer est en marche. Le sournois va chercher, dans un recoin du logement, une carabine 22 long rifle, achetée en arrivant à Paris. Il la cache dans son dos, s'approche par-derrière, épaule et tire sur son hôte, qui s'effondre, atteinte d'une balle dans la nuque, à bout portant. La bande du magnéto qui tourne saisit toute l'horreur de la scène : la lecture poétique brutalement interrompue par le coup sec de l'arme à feu ; le bruit sourd du corps qui tombe sur le bureau puis au sol.

L'enquête va mobiliser quelques-uns des meilleurs éléments de la Crim'. Nous savons que les promeneurs du bois de Boulogne ont vu un Japonais abandonner les deux valises pleines de restes humains, après s'être fait déposer par un chauffeur de taxi. Un appel à témoin est lancé dans *Le Parisien*. Et un chauffeur de Peugeot 504 rouge se manifeste. Il dit avoir l'habitude de conduire les passagers avec valises à la gare, mais rarement dans un parc. Alors cette petite course du bois de Boulogne, avec son client asiatique chargé comme un mulet, il s'en souvient. Des voisins de Sagawa se sont également signalés. Eux disent avoir été intrigués par le petit manège de ce drôle de résident traînant ses deux gros bagages sur un petit chariot.

À ma demande, mon ami le commissaire Jacques Poinas, organise avec son groupe la planque devant le domicile du Japonais. Sagawa se présente. Il est interpellé, sans opposer la moindre résistance. « *Vous savez pourquoi nous sommes là ?* », l'apostrophe un inspecteur. « *C'est à cause de Renée* », lâche-t-il, étonnamment calme.

À l'étage, commence la perquisition de l'indicible : l'arme du crime est saisie, ainsi que l'enregistreur et sa cassette, et puis dans un petit frigo à peine visible, quasiment sept kilos de viande… Des restes humains ! Certains, à moitié dévorés, croupissent dans des assiettes en carton, avec sur le bord de l'une d'elles, une pointe de moutarde. Il y a aussi un appareil photo dont nous allons faire développer la pellicule. Et ce sera le second choc : les clichés sont ceux de la scène d'anthropophagie, cliniquement filmée par le « monstre », qui a d'abord mangé la chair crue, avant de tenter toutes sortes de cuissons, avec parfois des petits pois en accompagnement. Insoutenable !

Je rejoins Jacques Poinas qui m'avait appelé sitôt après l'arrestation. Je suis sonné par nos effrayantes découvertes. De retour au service, tard dans la nuit, j'interroge Sagawa, assisté de mon fidèle collaborateur, le commissaire Michel Auguste, et d'une interprète assermentée. L'ogre est plutôt prolixe. Nous parlons de sa mère et de son frère qu'il disait aimer, de son père, l'un des premiers industriels du Japon, qu'il admirait, craignait et haïssait tout à la fois, tant il montrait à son fils qu'il le considérait comme un rejeton raté.

Il nous parle d'une jeune française, étudiante au Japon, qu'il a reçue dans sa famille, sans jamais avoir, selon lui, de gestes déplacés à son égard. Nous en venons à ses pulsions, son goût irrépressible pour la chair humaine. Sur procès-verbal, il affirme : « *Ce désir de manger de la chair humaine date de mon enfance. Jeune, je voulais manger des garçons de mon âge et quand j'ai éprouvé le désir sexuel, j'ai eu cette envie à l'égard des femmes. Pas toutes les femmes car il m'est arrivé d'aimer une femme sans vouloir la manger.* » Tombe ensuite cette confidence : « *En ce qui concerne Renée, je pense que si elle avait accepté de faire l'amour avec moi, je ne l'aurai pas mangée* ». Ceux qui croyaient voir dans son entreprise cannibale « l'acte d'amour ultime » seront peut-être déçus d'apprendre que la vengeance signait ce crime tout autant que la frustration.

Si Sagawa était en France, c'est à cause de sa névrose. Sa famille l'avait, en quelque sorte, mis au vert. Car, un jour de 1980, il a fait irruption dans la chambre d'une jeune Allemande qu'il avait suivie dans les rues de Kamakura, au sud de Tokyo, puis épiée jusqu'à sa chambre, avec la ferme intention de la déguster. Ce soir-là, il attend qu'elle se couche. Il se glisse par la fenêtre entrouverte, s'approchant de sa proie pour la caresser dans son sommeil. Il est muni d'un couteau et d'un parapluie, pour lui asséner des coups, si jamais elle venait à bouger. Mais la belle se réveille et, le voyant, se met à hurler, assez fort pour que le frêle agresseur tente de fuir. Courageuse, elle l'agrippe par le bras, le retient, jusqu'à l'arrivée d'un voisin, alerté par les cris. Sagawa est arrêté. L'affaire sera étouffée grâce à l'intervention de son père, qui dédommagera la victime.

Ce fils détraqué n'a aucune inhibition. Durant son audition à la Criminelle, il pratique avec nous, hors PV, un humour insupportable, assurant qu'avec du poivre, du sel et de la moutarde, la chair humaine est bien meilleure. « *Ne dit-on pas que les femmes sont belles à croquer* », s'amuse-t-il. Il déclare également que s'il avait eu un congélateur, nous ne l'aurions jamais arrêté. Dernière abomination révélée : il a dû aller acheter une scie électrique et un hachoir au marché du coin pour débiter le corps au fond de la baignoire du studio. Il a même jeté des morceaux dans la poubelle en bas de chez lui. Nous serrons les dents, allant jusqu'au bout d'une procédure dont nous savons qu'elle doit être irréprochable.

À la fin de l'interrogatoire, vers quatre heures du matin, nous nous regardons avec Michel Auguste, vidés, le teint cireux. Nous avons l'intuition que ces aveux atroces vont nous marquer à vie. Sagawa, lui, fringant, fier - oui, je ▸▸

Sur procès-verbal, Issei Sagawa affirme : « Ce désir de manger de la chair humaine date de mon enfance. Jeune, je voulais manger des garçons de mon âge et quand j'ai éprouvé le désir sexuel, j'ai eu cette envie à l'égard des femmes. Pas toutes les femmes car il m'est arrivé d'aimer une femme sans vouloir la manger »

» dis bien fier de sa folie -, jubile à l'idée d'entrer dans le cercle des pires criminels du siècle.

Lorsque M. Sagawa père arrive, toute affaire cessante, du Japon, il se précipite dans mon bureau. Il est entouré de trois collaborateurs que j'autorise à rester. Le premier traduit pour lui mes propos, le deuxième nous enregistre et le troisième - je ne pensais pas que cela existait -, est là pour veiller à la tenue du grand chef d'entreprise, la position de son col de veste, de sa cravate et même du rabat de ses poches. Personnellement, je suis assisté par l'interprète officiel de la PJ. Akira Sagawa a été informé des raisons de l'arrestation de son fils, mais il n'y croit pas ou feint de ne pas y croire. Il me prend de haut, met en doute l'enquête.

À part lui, je fais sortir tout le monde de la pièce. Je lui mets alors sous les yeux les photos du crime. En une fraction de seconde, devant moi, je vois un homme dur et puissant se briser. D'un coup, il se voûte, son regard humide perd toute agressivité, toute condescendance. Je fais entrer mon interprète pour terminer l'audition. Le père Sagawa signifie à sa suite qu'il n'a plus besoin d'elle. Séquence inoubliable. Lorsqu'il quitte mon bureau, je me demande combien d'années il a pu prendre en quelques minutes. Rentré au Japon, le père d'Issei Sagawa abandonnera la présidence du groupe tokyoïte Kurita et sa femme fera une tentative de suicide. Des vies détruites. L'enquête se poursuit sur commission rogatoire du juge d'instruction Jean-Louis Bruguière. Dans les affaires criminelles, un curriculum vitae approfondi du meurtrier doit être établi. C'est dans ces conditions que nous décidons avec le juge de nous rendre au Japon, avec l'inspecteur divisionnaire Robillard. Des contacts sont établis avec la police du pays qui fit les premières recherches sur le fils maléfique du grand patron japonais.

IL S'ENRICHIT HONTEUSEMENT

La mission commence un soir de mars 1982. Elle va durer quinze jours et nous conduit de Tokyo à Osaka, en passant par Kyoto et Kobe. Jusqu'alors très fermé aux requêtes judiciaires, le ministère des Affaires étrangères japonais a conseillé à la justice locale d'accepter notre demande d'assistance, vu la charge émotionnelle et le retentissement de ce dossier. Dans la même période, une autre mission avait été autorisée afin de récupérer le tableau de Monet *Impression, soleil levant,* qui, volé au Musée Marmottant à Paris, avait été retrouvé au Japon. Ce grand pays est alors soucieux de son image à l'international et cela nous facilite grandement la tâche.

Le portrait de l'étudiant cannibale s'affine : à la naissance, il aurait, selon nos interlocuteurs japonais, souffert d'un problème d'oxygénation du cerveau. Son père avait, selon eux, une nette préférence pour son autre fils. Issei Sagawa était intelligent et bon élève, mais il était très complexé de son aspect rachitique. Il avait bien eu une petite amie, étudiante française, qu'il avait même présentée à ses parents.

La suite judiciaire qui fut donnée en France à l'affaire Sagawa a pu choquer. Au départ détenu à la prison de Fresnes, l'étudiant anthropophage passe ensuite dans les quartiers de haute sécurité de l'hôpital psychiatrique de Villejuif. Il ne restera pas plus de trois ans enfermé en France. Le juge Jean-Louis Bruguière l'a déclaré irresponsable au moment des faits, après avoir pris l'avis de trois experts. Il fut extradé vers son pays en mai 1984.

Là, il est d'abord placé en psychiatrie. Il en sort au bout de quelques mois, déclaré totalement libre le 13 août 1985. Il tentera ensuite de vivre de sa sinistre notoriété, courant les plateaux de télé, proférant des insanités, mettant en scène sa perversion dans des pornos, écrivant des livres et des mangas autobiographiques, où il détaille toute l'abomination de son crime. Il s'enrichit honteusement. Et puis le phénomène finit par lasser. Retiré entre Yokohama et Tokyo, dit-on, Issei Sagawa est âgé aujourd'hui de 72 ans. Le sort de la pauvre Renée Hartevelt hantera à jamais ma mémoire. Je pense aux proches de la victime, à leur calvaire, à la relativité de l'idée même de justice. ■

**Olivier Foll a été sous-chef de la BRB, adjoint au chef de la Criminelle, chef de la brigade des stupéfiants et du proxénétisme puis directeur régional de la PJ-PP.*

PROCÈS VERBAL D'ISSEI SAGAWA

DOCUMENTS EXCLUSIFS

Il n'y a pas eu de procès, puisque Sagawa a été jugé « irresponsable ». Mais sur le papier jauni d'un procès-verbal qui n'a jamais été discuté, restent les aveux non extorqués d'un tueur.

un

seize juin

zéro s vingt

Olivier FOLL
Commissaire Divisionnaire

BRIGADE CRIMINELLE

Agissant en enquête de flagrant délit,
Assisté de l'Inspecteur Principal JALABERT,
Entendons le nommé SAGAWA Issei qui répond comme suit à nos différentes questions :

Audition du nommé SAGAWA Issei.

SUR SON IDENTITE ET SES RESSOURCES :

" Je me nomme SAGAWA Issei, je suis né le 26 avril 1949 à KOBE (Japon), je suis le fils de Akira et de Tomiko SAGAWA. Quand mon père était jeune il s'appelait MORIMOTO. Mais il a abandonné son nom pour celui de ma mère. Cela existe au Japon mais c'est très rare. "

" Je suis de nationalité japonaise. "

" Je suis célibataire, sans enfants "

" Je suis titulaire d'une maitrise de Littérature anglaise au Japon et d'une maitrise de Littérature Comparée en France. J'ai obtenu mon diplôme à la Faculté de Langues Orientales de DAUPHINE en 1980. "

" Je n'ai pas fait de service militaire car cela n'existe pas au Japon. "

" Je n'ai jamais été condamné ni au Japon ni en France. "

" Je suis titulaire de la carte de séjour de Résident temporaire n°75/6 658 191, délivrée le 10 juin 1981 et valable du 26 octobre 1980 au 25 octobre 1981. Je suis entré en France le 27 avril 1977. J'arrivais directement du Japon ".

" Je suis domicilié 10, rue Erlanger à PARIS 16ème (Tel. 527 40 01) depuis le mois de mars 1981. Je règle un loyer de 1380 francs par mois. "

" Mes parents m'envoient 4000 francs par mois mais ils envoyaient un peu plus et je touchais par mois une somme de 6000 francs environ. "

SUR LES FAITS :

" Quand vous m'avez arrêté cet après-midi j'ai compris que c'était à la suite de la mort de Renée. C'est une jeune fille hollandaise que j'ai connue au mois de mai 1981 au cours de Littérature française à la Faculté de Censier. Elle s'appelle HARTEVELT."

" Je l'ai invité à mon domicile quatre fois. Le mardi 2 juin, le vendredi 5 juin, le mardi 9 juin et le jeudi 11 juin 1981, jour où je l'ai tuée. Le 2 juin j'avais invité Renée avec d'autres amis français pour leur faire gouter la cuisine japonaise. Je devais faire la cuisine mais ils ne sont pas venus. Renée était seule, comme les autres fois d'ailleurs. "

" J'étais amoureux de Renée et je voulais la voir souvent. C'est pour cela que je l'ai invitée le jeudi 11 juin. Je lui avais dit de venir pour qu'elle me lise un texte en allemand, que j'ai enregistré. Elle avait également enregistré d'autres textes en allemand le 5 et le 9 juin. "

" J'étais amoureux d'elle et je pensais que si elle voulait j'accepterais de faire l'amour avec elle. Mais le 9 juin j'ai été désespéré quand j'ai appris qu'elle avait un amoureux. Elle allait chez lui de temps en temps et vivait chez elle, 59, rue Bonaparte

.../...

SAGAWA PERCEVAIT 6 000 FRANCS D'ARGENT DE POCHE PAR MOIS.

DOCUMENTS EXCLUSIFS

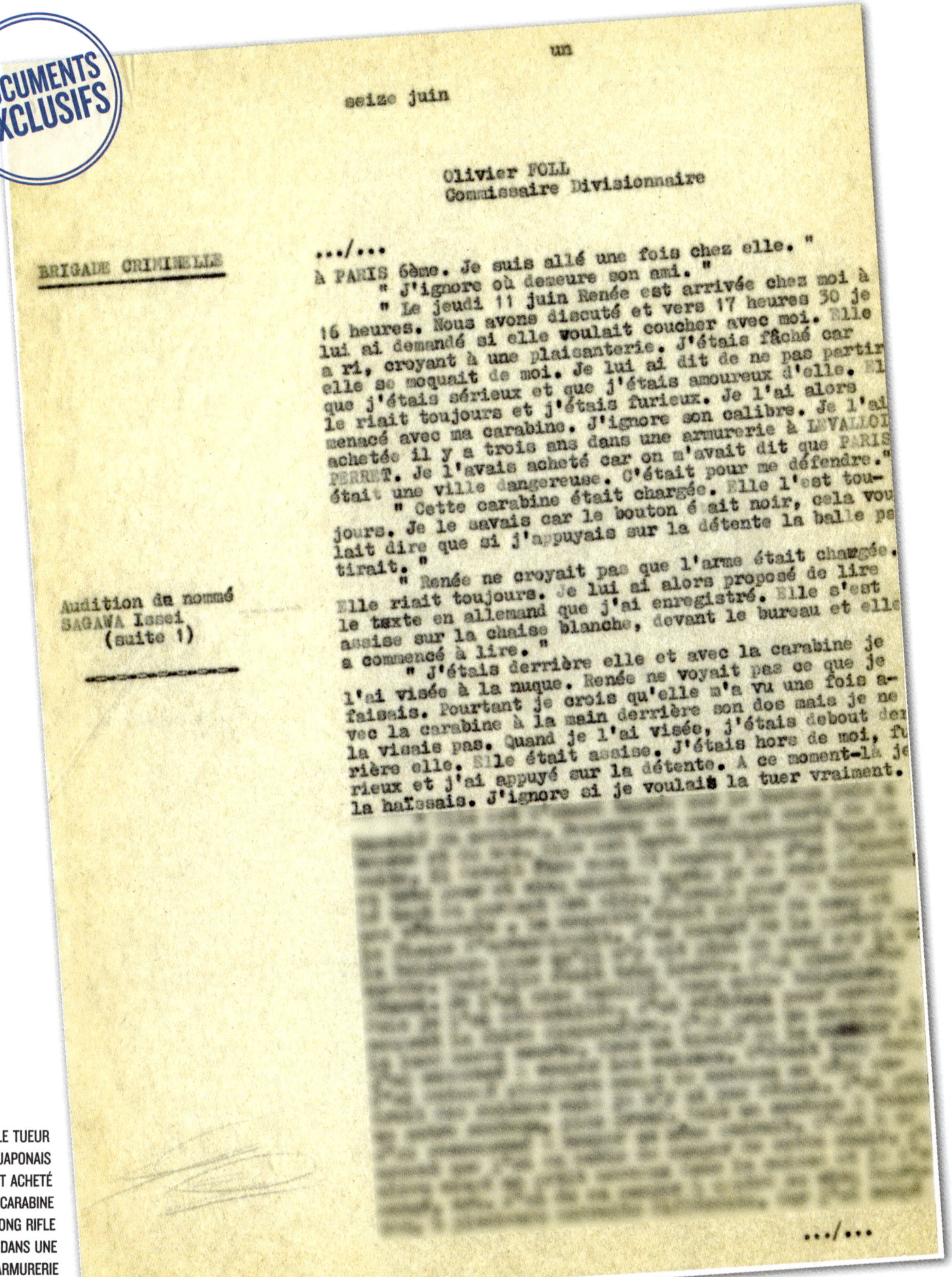

un

seize juin

Olivier FOLL
Commissaire Divisionnaire

BRIGADE CRIMINELLE

Audition du nommé
SAGAWA Issei
(suite 1)

.../...
" Je suis allé une fois chez elle. "
à PARIS 6ème. Je suis allé une fois chez elle. "
" J'ignore où demeure son ami. "
" Le jeudi 11 juin Renée est arrivée chez moi à
16 heures. Nous avons discuté et vers 17 heures 30 je
lui ai demandé si elle voulait coucher avec moi. Elle
a ri, croyant à une plaisanterie. J'étais fâché car
elle se moquait de moi. Je lui ai dit de ne pas partir
que j'étais sérieux et que j'étais amoureux d'elle. El
le riait toujours et j'étais furieux. Je l'ai alors
menacé avec ma carabine. J'ignore son calibre. Je l'ai
achetée il y a trois ans dans une armurerie à LEVALLOI
PERRET. Je l'avais acheté car on m'avait dit que PARIS
était une ville dangereuse. C'était pour me défendre."
" Cette carabine était chargée. Elle l'est tou-
jours. Je le savais car le bouton était noir, cela vou
lait dire que si j'appuyais sur la détente la balle pa
tirait. "
" Renée ne croyait pas que l'arme était chargée.
Elle riait toujours. Je lui ai alors proposé de lire
le texte en allemand que j'ai enregistré. Elle s'est
assise sur la chaise blanche, devant le bureau et elle
a commencé à lire. "
" J'étais derrière elle et avec la carabine je
l'ai visée à la nuque. Renée ne voyait pas ce que je
faisais. Pourtant je crois qu'elle m'a vu une fois a-
vec la carabine à la main derrière son dos mais je ne
la visais pas. Quand je l'ai visée, j'étais debout der
rière elle. Elle était assise. J'étais hors de moi, fu
rieux et j'ai appuyé sur la détente. A ce moment-là je
la haïssais. J'ignore si je voulais la tuer vraiment.

.../...

LE TUEUR JAPONAIS AVAIT ACHETÉ SA CARABINE 22 LONG RIFLE DANS UNE ARMURERIE DE LEVALLOIS-PERRET.

un

seize juin

Olivier FOLL
Commissaire Divisionnaire

BRIGADE CRIMINELLE

.../...

[redacted]

Audition du nommé
SAGAWA Issei
(suite 2)

" J'ai oublié de vous dire que jeudi, vers 18 heures 30, je suis allé au Prisunic Michel Ange Auteu situé devant la station de matro Michel Ange Auteuil, pour acheter un appareil électrique afin de nettoyer la moquette tâché de sang. J'ai loué cet appareil et j'ai acheté du shampooing pour moquette. J'ai payé une somme de 94 francs au moyen d'un chèque de la " BANK OF TOKYO ". Puis je suis rentré chez moi. "

" Vers 10 heures, sans avoir toucher Renée, je suis allé au Supermarché EUROMARCHE de la Porte d'AUTEUIL pour acheter une scie électrique. Je suis reven avec un modèle de marque allemande que j'ai payé 200 francs environ avec un chèque de la " BANK OF TOKYO ", J'ai ramené cette scie à la maison mais elle ne marchait pas. Je suis revenu à EUROMARCHE et comme elle fonctionnait je l'ai gardée. De retour chez moi elle à marché. Je l'avais mal branchée. "

" Je ne l'ai pas utilisée. Vers 12 heures 40 j'ai téléphoné à une amie, [redacted] qui travail le à l'Ambassade du Japon, avenue Kléber, pour prendre rendez-vous avec elle. Elle m'a dit de venir avenue Kléber vers 14 heures 30. Pour lui montrer ma thèse qu'elle devait corriger. Je suis allé effectivement la retrouver à cette heure. "

" J'ai oublié de vous dire qu'à mon retour de l'EUROMARCHE, le seconde fois, j'ai acheté un hachoir au marché qui se trouve sur le boulevard avant ce supermarché. J'ai réglé par chèque de la " BANK OF TOKY la somme de 80 francs environ. "

" J'ai regagné mon domicile vers 16 heures. A 18 heures 15 je suis allé au prisunic Michel Ange Auteuil Entre 16 et 18 heures je ne me rappelle pas si j'ai découpé Renée. Je suis allé acheter deux valises, des sacs poubelle bleus. Il s'agit bien des valises et des sacs que vous me présentez. Puis je suis rentré chez moi.

[redacted]

.../...

POUR RÉALISER SON CRIME, IL ÉTAIT ALLÉ FAIRE SES EMPLETTES AU SUPERMARCHÉ. ▸▸

DOCUMENTS EXCLUSIFS

un

seize juin

Olivier FOLL
Commissaire Divisionnaire

BRIGADE CRIMINELLE

Audition du nommé
SAGAWA Issei
(suite 3)

;;;

[redacted]

" Ce désir de manger de la chair humaine date de mon enfance. Jeune je voulais manger des garçons de mon âge et quand j'ai éprouvé le désir sexuel j'ai eu cette envie à l'égard des femmes. Pas de toutes les femmes car il m'est arrivé d'aimer une femme sans vouloir la manger. En ce qui concerne Renée je pense que si elle avait accepter de faire l'amour avec moi je ne l'aurais pas manger. "

[redacted]

" J'ai encore oublié de vous dire qu'en même temps que les valises et les sacs bleus j'ai acheté deux serpillères au Prisunic Michel Ange Auteuil. "

" J'avais déjà le drap blanc ainsi que la ficelle qui provient d'une grosse pelote. "

" Puis, toujours vers 2 heures 30 j'ai téléphoné à un radio taxi dont j'ai relevé le numéro de téléphone dans PARISCOPE. Le taxi est arrivé tout de suite. J'ai demandé au chauffeur de monter chez moi pour prendre les deux valises. Auparavant j'avais consolidé une des deux valises avec du ruban adhésif que j'avais à mon domicile. Le chauffeur a descendu les valises dans le jardin. Il a mis l'une d'elles dans un caddie de supermarché que j'avais rangé dans ce jardin. J'avais pris ce caddie devant le magasin " La Parisienne " rue Erlanger. Je pensais en le prenant le jeudi soir qu'il me servirait à transporter mes valises. J'avais déjà pensé à cet achat. Le chauffeur a mis les valises dans le coffre de sa CITROEN de couleur verte je crois. Il a aussi fixé le caddie avec un sandow qui lui appartenait. Je suis monté à l'arrière, à droite. Je lui ai demandé de me conduire Porte Dauphine. Je comptais ensuite mettre les valises dans le caddie et me rendre au Lac Inférieur pour y jeter les valises. "

" En arrivant à la Porte Dauphine nous avons été arrêtés par la police en tenue. Ils nous ont arrêtés car le chariot était mal fixé et le coffre ouvert. "

" On m'a contrôlé et on m'a dit de ramener le caddie. Ce que j'ai fait avec le taxi. J'ai déposé ce

.../...

« EN ARRIVANT À LA PLACE DAUPHINE NOUS AVONS ÉTÉ ARRÊTÉS PAR LA POLICE »... QUI N'A PAS CONTRÔLÉ PLUS AVANT LE TAXI TRANSPORTANT LE CORPS DE LA VICTIME.

un

seize juin

Olivier FOLL
Commissaire Divisionnaire

BRIGADE CRIMINELLE

.../...

Audition du nommé SAGAWA Issei. (suite 4 et fin)

caddie à l'EUROMARCHE Porte d'Auteuil puis je suis rentré chez moi en taxi avec mes valises. "

" Samedi 13 juin je me suis levé vers midi. Avant midi je suis allé à l'EUROMARCHE pour achéter un chariot pour porter les valises. N'y en trouvant pas je suis allé au B.H.V. rue de Rivoli. J'ai payé 150 francs environ par chèque de la " BANK OF TOKYO ". J'ai aussi acheté trois sandow. A la vérité deux jaunes, car le noir était vendu avec le chariot. J'ai réglé le prix des deux sandow en liquide. "

" Vers 15 heures j'ai appelé un taxi au même numéro que vendredi. Sept minutes après il est arrivé. Le chauffeur est monté et a pris les deux valises. Il m'a conduit, à ma demande, dans le Bois de Boulogne près du Lac Inférieur. Je ne me rappelle plus la marque ou la couleur de sa voiture. Il m'a laissé avant le Chalet des Isles. Il a mis les valises sur le chariot et il est parti. Avant de partir il a placé les valises près d'un arbre. J'ai fixé celles-ci à cet arbre avec un sandow. Je voulais les jeter dans le lac mais il y avait trop de monde et j'ai attendu. Vers 16 heures peut-être je suis allé chercher un taxi, vers la Porte de la Muette. J'ai trouvé un taxi environ trois quart d'heure après. Je ne me rappelle pas comment il était. Nous sommes retournés aux valises que le chauffeur a chargé dans le coffre avec le chariot. Il n'a pas pu fermer le coffre. Nous nous sommes arrêtés quelques mètres plus loin car je trouvais l'endroit plus calme. Il m'a descendu les valises et il est reparti. Il m'a posé les valises contre un arbre. J'ai attendu un peu puis j'ai commencé à descendre la pente qui mène au lac pour y jeter les valises. Mais elles étaient trop lourdes et je les ai lachées. Le chariot s'est arrêté au milieu de la pente. Puis j'ai aperçu un homme qui avait découvert le drap ensanglanté dans une valise. Il était avec sa femme. J'ai entendu qu'ils voulaient appeler la police et je suis parti. Je suis rentré chez moi."

" J'ai essayé de nettoyer la tache de sang mais elle s'agrandissait. "

" Voilà ce que je peux vous dire en ce qui concerne le meurtre de Renée HARTEVELT. "

Après lecture faite le nommé SAGAWA signe avec nous le présent à quatre heures.

Le Commissaire Divisionnaire.

ET LE CANNIBALE DE CONCLURE : « JE SUIS RENTRÉ CHEZ MOI. J'AI ESSAYÉ DE NETTOYER LA TACHE DE SANG, MAIS ELLE S'AGRANDISSAIT. »

Le 23 janvier 1978, Édouard-Jean Empain est kidnappé en plein Paris. Trente ans plus tard, l'ex-président du groupe Empain-Schneider, alors âgé de 70 ans et vivant sur le Rocher, était revenu pour « Le Figaro » sur son calvaire.

Baron Empain « J'avais même perdu la notion du temps »

*Propos recueillis par notre envoyé spécial à Monte-Carlo, Christophe Cornevin**

LE FIGARO. - Trente ans après, gardez-vous encore des souvenirs précis de ce 23 janvier 1978 ?

Édouard-Jean EMPAIN. - Oui, car je vis toujours avec cette histoire. Il est 10 h 30, mon chauffeur m'attend en bas de chez moi, avenue Foch. J'avais rendez-vous à 11 heures et comme beaucoup de Belges, je n'aime pas être en retard. Mais, au lieu d'arriver à temps, je suis revenu deux mois et demi après… J'avais été choisi en raison de la régularité de mon emploi du temps, prévisible, et de ma résistance physique. Sinon, mes ravisseurs projetaient de kidnapper Edmond de Rothschild ou un membre de la famille Dassault.

L'enlèvement est rapide ?

Quelques secondes. Des hommes encagoulés et armés m'ont emmené dans un parking, où je suis resté des heures avant de rejoindre un premier endroit de séquestration. J'avais très peur. Mes ravisseurs m'orientaient avec des gestes brusques, restaient muets ou maquillaient leur voix de divers

LE BARON EMPAIN LORS DE SA CAPTIVITÉ. SES RAVISSEURS LUI AVAIENT TRANCHÉ LA PHALANGE D'UN DOIGT, QU'ILS AVAIENT ENSUITE TRANSMISE AUX AUTORITÉS POUR MONTRER LEUR DÉTERMINATION.

« Au fil de la captivité, on se rapetisse. On se contente d'un rien. On finit par attendre une tasse de café, un fruit ou un mot agréable »

accents. On m'avait drogué avec une piqûre.

Le calvaire ne faisait que commencer…

Dès le premier jour, ils m'ont tranché une phalange. J'ai croupi un mois dans une maison abandonnée sans eau, ni électricité, enchaîné sous une tente. La température était inférieure à zéro. La nourriture se résumait à un morceau de pain et à une vieille pomme jetée de temps à autre. On me faisait écrire des demandes de rançon dont les montants étaient grotesques, allant jusqu'à 130 millions de francs. Ces chiffres n'avaient aucun sens car, à ce moment précis, moi seul pouvais débloquer une telle somme. Or j'étais prisonnier ! Je leur ai expliqué qu'il faisait un truc idiot. Ils ont baissé leurs prétentions à trente millions.

Les conditions se sont-elles améliorées ?

Non, j'avais même perdu la notion du temps. Au fil de la captivité, on se rapetisse. On se contente d'un rien. On finit par attendre une tasse de café, un fruit ou un mot agréable du genre « Comment vas-tu, ce matin ? » Je me faisais insulter parce que je tardais à donner mon « fric »… Il y avait beaucoup de grossièreté et des tutoiements épouvantables. Tout était fait pour m'humilier. Je ne cherchais pas à m'échapper et préférais mon train-train sous les chaînes. Étrange, mais on finit par être presque content de son sort.

C'est le syndrome de Stockholm ?

Pure invention de psychiatres ! Un otage sait que son sort ne dépend ➤➤

» que de ses geôliers. Donc, il ne passe pas son temps à les insulter. Au contraire, il essaie de se faire gentil. Le syndrome de Stockholm n'est rien d'autre qu'un désir de survivre… La fin de ma captivité a été plus soft. J'avais même eu une petite télé sous ma tente. Après une tentative avortée de remise de rançon achevée en fusillade, mes ravisseurs ont compris que c'était fini. Ils ont voté pour savoir s'ils me tiraient une balle dans la tête. Pendant deux heures, j'ai attendu le verdict avant d'être libéré contre trois reconnaissances de dettes de dix millions de francs chacune. Si je ne payais pas, ils menaçaient de tuer un quidam et de lui accrocher un des papiers dans le dos.

« Le syndrome de Stockholm n'est rien d'autre qu'un désir de survivre... La fin de ma captivité a d'ailleurs été plus soft »

Vous avez pris ces menaces au sérieux…

Oui, parce que certains de mes ravisseurs sont restés dans la nature. Pendant deux ou trois ans, ils m'ont filé au restaurant ou au cinéma. Ils m'appelaient même quand je changeais de numéro de téléphone. Or seule la police était censée connaître mes coordonnées…

Les kidnappeurs ont fini par être arrêtés…

Oui, ils étaient au minimum douze à avoir fait le coup et huit ont été attrapés. Je les ai reconnus à leur voix. J'ai été privé de liberté pendant soixante jours et eux durant dix ans…

Trente ans après, vous en faites des cauchemars ?

Cet enlèvement est la charnière de ma vie, une fracture intervenue à 40 ans. Avant, il y avait la vie facile où tout me réussissait. J'étais jeune, puissant et l'on me craignait en raison de mes relations tant dans les milieux patronaux que politiques. J'incarnais le capitalisme conquérant sans être connu du grand public.

Et après ?

Tout a changé. Je me suis aperçu que le monde extérieur m'avait condamné en soixante jours. Ma famille, mes collaborateurs s'étaient organisés à vivre sans moi. On avait même vendu ma Mercedes de fonction, mes héritiers s'intéressaient au testament, les organigrammes avaient été refaits. J'ai passé trente années à digérer ce mauvais polar… ■

**Entretien paru dans* Le Figaro *le 19 janvier 2008.*

LE BARON EMPAIN « UNE TRANSCRIPTION FIDÈLE »

Joint par *Le Figaro*, le baron Empain, alors consultant âgé de 74 ans, était sorti de sa réserve pour apporter un précieux éclairage. *« Tout ce qu'a écrit Alain Caillol est une transcription fidèle de ce que j'ai enduré. Il va le plus loin possible dans la reconnaissance de sa responsabilité. Les détails effrayants de son récit confirment point par point ce que j'ai toujours raconté. »* Trente-trois ans après les faits, l'homme d'affaires se souvient. *« Caillol confirme même que j'ai été trimbalé dans une caisse lors de ma captivité, que le type qui m'a amputé le doigt a bel et bien été désigné à la courte paille et que mes geôliers avaient voté entre ma mise à mort ou ma libération. Je sais qu'ils seraient allés jusqu'à* me tuer, grince le baron. *Je suis satisfait de lire que mes ravisseurs ont reconnu en moi un brave type courageux, ce que je crois avoir été. Caillol fait preuve d'une repentance relative,* observe encore le baron. *Je considère qu'il a payé sa dette et que nous sommes quittes. Mais je ne l'excuse pas pour autant d'avoir participé à mon enlèvement : le soi-disant syndrome de Stockholm dont j'aurais fait preuve selon les médias est fantaisiste. Je ne suis pas et ne serai jamais l'ami d'Alain Caillol, même si je n'exclus pas que l'on se revoie un jour. »* Ils n'en auront, de toute façon, jamais l'occasion. Le baron Empain est décédé le 21 juin 2018 à Pontoise.

Alain Caillol «On s'est trompé sur toute la ligne»

Pour la première fois, le 13 janvier 2012, l'un des ravisseurs du flamboyant baron en 1978 levait le voile sur un enlèvement hors norme.

*Propos recueillis par Christophe Cornevin**

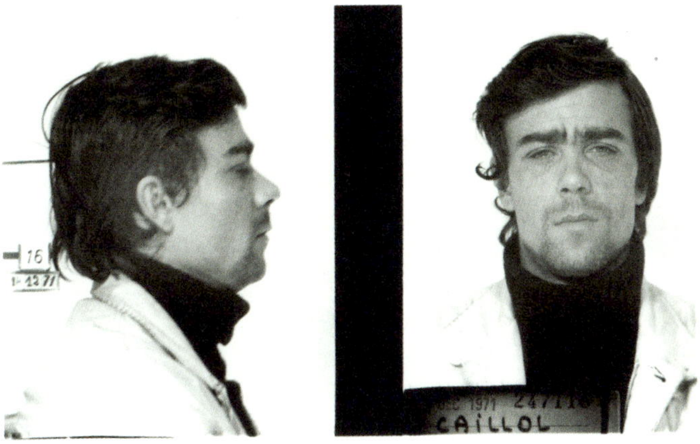

ALAIN CAILLOL. SON GANG AVAIT D'ABORD PROJETÉ D'ENLEVER MARCEL DASSAULT.

Le 23 janvier 1978, le baron Édouard-Jean Empain, flamboyant patron de l'empire Schneider, est enlevé avenue Foch à Paris. S'ensuivent soixante-trois jours de séquestration qui vont saisir d'effroi la France et tenir en haleine toutes les polices. « *Soixante-trois jours de camping sauvage* », dont Alain Caillol, un des cerveaux du rapt, révèle ici, dans un entretien exclusif, les incroyables détails.

LE FIGARO.- Pourquoi avoir attendu trente-trois ans pour sortir du silence ?

Alain CAILLOL.- Je devais la vérité à Empain. La rumeur a longtemps voulu que son rapt soit téléguidé par le monde politique ou celui des affaires car il a eu un effet d'aubaine pour certains. Par ailleurs, le baron a longtemps cherché l'endroit où il a été détenu. Il fallait lui apporter une réponse. D'autant que sa manière de s'être comporté pendant ses soixante-trois jours de camping sauvage mérite mieux que le silence. Avec du recul, je pense que l'on s'est trompé de cible.

C'est-à-dire ?

Au départ, on voulait séquestrer Marcel Dassault. Mais il avait été enfermé dans un camp de concentration et il était hors de question que l'on nous assimile à des nazis. Après avoir aussi écarté à regret Rothschild de la liste car il était juif, on s'est mis à planquer devant le domicile de « Lili » Bettencourt, à Neuilly. Là encore, une partie de l'équipe a fait la grimace à l'idée d'amputer une femme et de gérer son hygiène. En fait, c'est la lecture du *Canard enchaîné* qui nous a désigné Empain : chaque semaine, il y était épinglé pour des histoires de licenciements massifs. À nos yeux, il faisait alors figure d'aristo contre-révolutionnaire. C'était un bon « client ». ▸▸

» Vous aviez demandé 80 millions de francs de rançon. Votre coup n'était donc pas que crapuleux ?
C'était une histoire de gros sous et de symbole. Empain était la caricature du capitaliste sauvage. On s'est dit qu'il fallait qu'il paie et qu'il connaisse à son tour des conditions très difficiles.

Pouvez-vous décrire les conditions de sa séquestration ?
Hyperdures, au milieu d'une galerie souterraine longue de plusieurs kilomètres, sans eau, ni chauffage. Enchaîné à la cheville pendant trente jours dans le noir et le silence absolu, Empain avait perdu toute notion du temps.

Et il y a aussi eu l'amputation de son doigt, exécutée par un geôlier tiré au sort ?
Chaque détail du rapt avait été imaginé mais au dernier moment il a bien fallu désigner celui qui allait faire la sale besogne, à l'aide d'un massicot et d'une massette pendant son sommeil. On l'a joué à la courte paille. Si le sort m'avait désigné, je l'aurais fait. C'était une décision collective.

Comment a réagi le baron Empain ?
En silence et de façon bluffante, comme si rien ne s'était passé. Pas une plainte, pas un cri, pas une crise de nerfs. Il a fait preuve d'un courage et d'une dignité qui forcent le respect. Nous étions face à un homme, un homme debout.

Vos relations ont alors changé ?
Oui. Les gars savaient qu'il était chasseur et parlaient d'armes avec lui, mais aussi de voitures, de sport. On s'est trompé sur toute la ligne car Empain s'est conduit comme un brave type. Il n'était pas aussi riche qu'on le pensait. L'affaire aurait pu être soldée en quatre jours car deux types de la Brink's avaient mis 30 millions à notre disposition au lieu des 80 exigés. On a refusé de transiger. Cela a été l'erreur de ma vie car j'aurais peut-être décroché en achetant un hôtel sur la Costa Brava et l'affaire ne se serait pas enlisée.

C'est-à-dire ?
Au bout de quelques jours de négociation, le baron a été lâché par son groupe et personne n'a plus voulu bouger, dans le milieu politique ou industriel, pour lui venir en aide. Il était citoyen belge, détenait dans ses mains les clés du nucléaire et n'était pas du sérail : sa disparition arrangeait pas mal de gens.

L'otage était devenu encombrant ?
Oui, au point que l'on avait décidé de voter entre nous pour savoir si on devait lui laisser la vie sauve. Personnellement, j'avais voté sa mort car je pensais qu'il n'y avait pas d'autre solution. En tant qu'un des concepteurs de l'opération, je ne pouvais accepter d'avoir préparé le coup pendant un an et qu'on lui ait coupé un doigt pour rien. Mais quand il a été épargné au second tour de scrutin, le soulagement était général.

Vous avez des regrets ?
Je suis heureux de l'issue de cette histoire. Entre sa mort et les onze ans dont j'ai écopé, je vote pour mes onze ans derrière les barreaux. Empain ne méritait pas ce qu'il a enduré. Je l'ai revu deux fois : à ma sortie de prison en 1989, pour lui dire que je n'avais rien à voir avec les menaces qu'il continuait de recevoir. Puis il y a quelques jours, pour faire enfin la paix après la guerre qu'on lui a déclarée il y a plus de trente ans. ■

**Entretien paru dans* Le Figaro *le 13 janvier 2012.*

RAPPORT DE LA MISSION EMPAIN

DOCUMENTS EXCLUSIFS

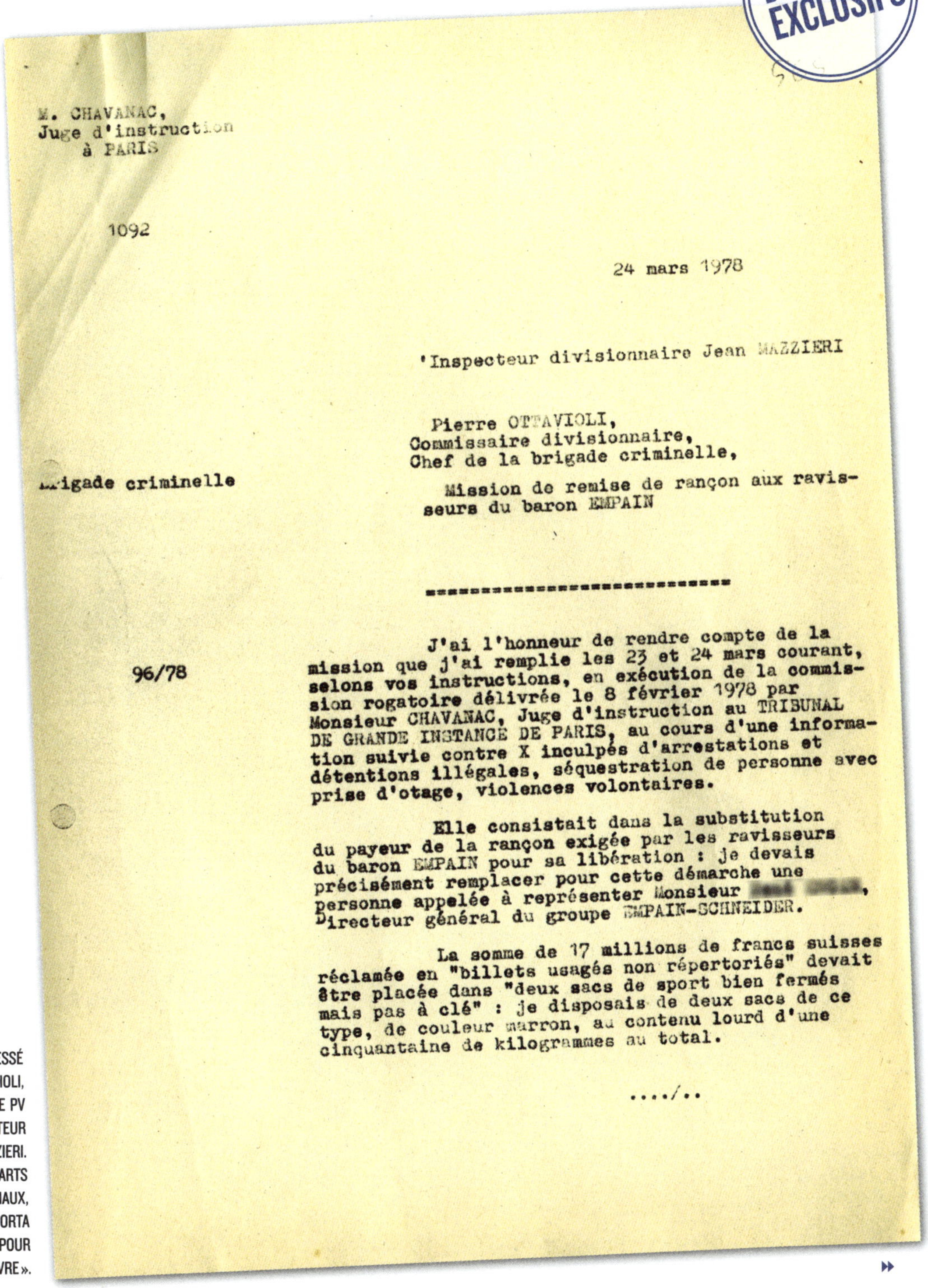

M. CHAVANAC,
Juge d'instruction
à PARIS

1092

24 mars 1978

Inspecteur divisionnaire Jean MAZZIERI

Pierre OTTAVIOLI,
Commissaire divisionnaire,
Chef de la brigade criminelle,

Brigade criminelle

Mission de remise de rançon aux ravisseurs du baron EMPAIN

=============================

96/78

J'ai l'honneur de rendre compte de la mission que j'ai remplie les 23 et 24 mars courant, selons vos instructions, en exécution de la commission rogatoire délivrée le 8 février 1978 par Monsieur CHAVANAC, Juge d'instruction au TRIBUNAL DE GRANDE INSTANCE DE PARIS, au cours d'une information suivie contre X inculpés d'arrestations et détentions illégales, séquestration de personne avec prise d'otage, violences volontaires.

Elle consistait dans la substitution du payeur de la rançon exigée par les ravisseurs du baron EMPAIN pour sa libération : je devais précisément remplacer pour cette démarche une personne appelée à représenter Monsieur [redacted], Directeur général du groupe EMPAIN-SCHNEIDER.

La somme de 17 millions de francs suisses réclamée en "billets usagés non répertoriés" devait être placée dans "deux sacs de sport bien fermés mais pas à clé" : je disposais de deux sacs de ce type, de couleur marron, au contenu lourd d'une cinquantaine de kilogrammes au total.

..../..

ADRESSÉ À PIERRE OTTAVIOLI, LE PV DE L'INSPECTEUR MAZZIERI. AS EN ARTS MARTIAUX, IL SE PORTA VOLONTAIRE POUR « JOUER LA CHÈVRE ».

DOCUMENTS EXCLUSIFS

Je devais être muni d'objets et espèces recommandés au payeur par les ravisseurs, essentiellement :

"de quoi prendre des notes"
"d'un peu d'argent et de monnaie"
"d'une montre à l'heure de l'horloge parlante"
"d'une voiture avec le plein d'essence".

J'étais en outre équipé d'un émetteur-récepteur de radio portatif pour rester en liaison avec le service de surveillance et de protection assuré conjointement par des effectifs de la brigade de rècherches et d'investigations commandés par M. BROUSSARD, Commissaire principal, et de la brigade criminelle à la suite de M. BIZEUL, Commissaire de police, sous l'autorité de M. Marcel LECLERC Commissaire divisionnaire, chef de la brigade anti-gang.

Les ravisseurs avaient fixé rendez-vous au porteur de la rançon pour le "jeudi 23 mars à 15 heures au bar du Fouquet's ; je devais répondre au nom de "Monsieur MARAT" à tout appel ou contact effectué par "Charlotte CORDAY".

L'INSPECTEUR MAZZIERI DEVAIT RÉPONDRE AU NOM DE « MARAT » SI UNE CERTAINE « CHARLOTTE CORDAY » SE MANIFESTAIT.

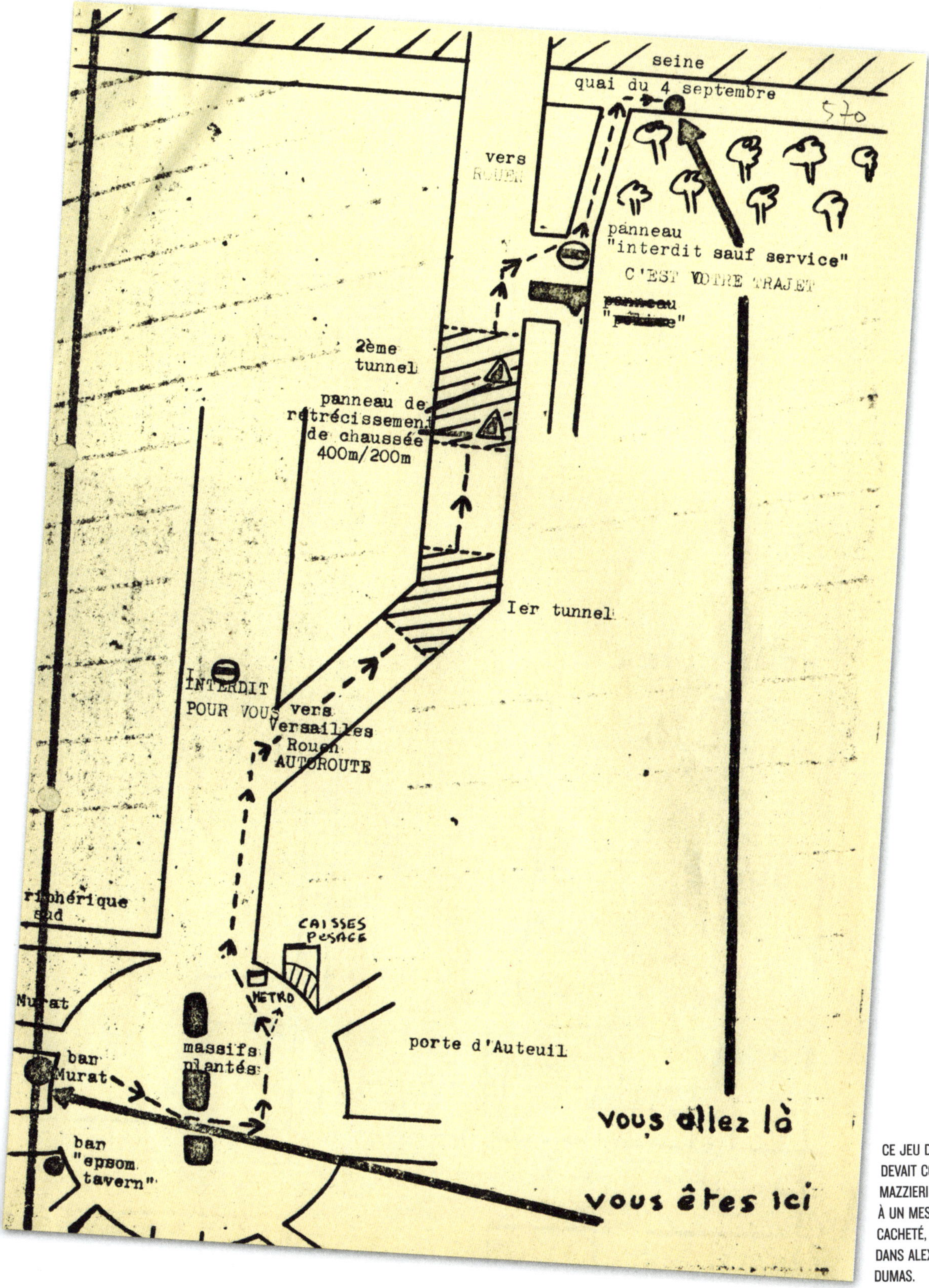

CE JEU DE PISTE DEVAIT CONDUIRE MAZZIERI À UN MESSAGE CACHETÉ, COMME DANS ALEXANDRE DUMAS.

DOCUMENTS EXCLUSIFS

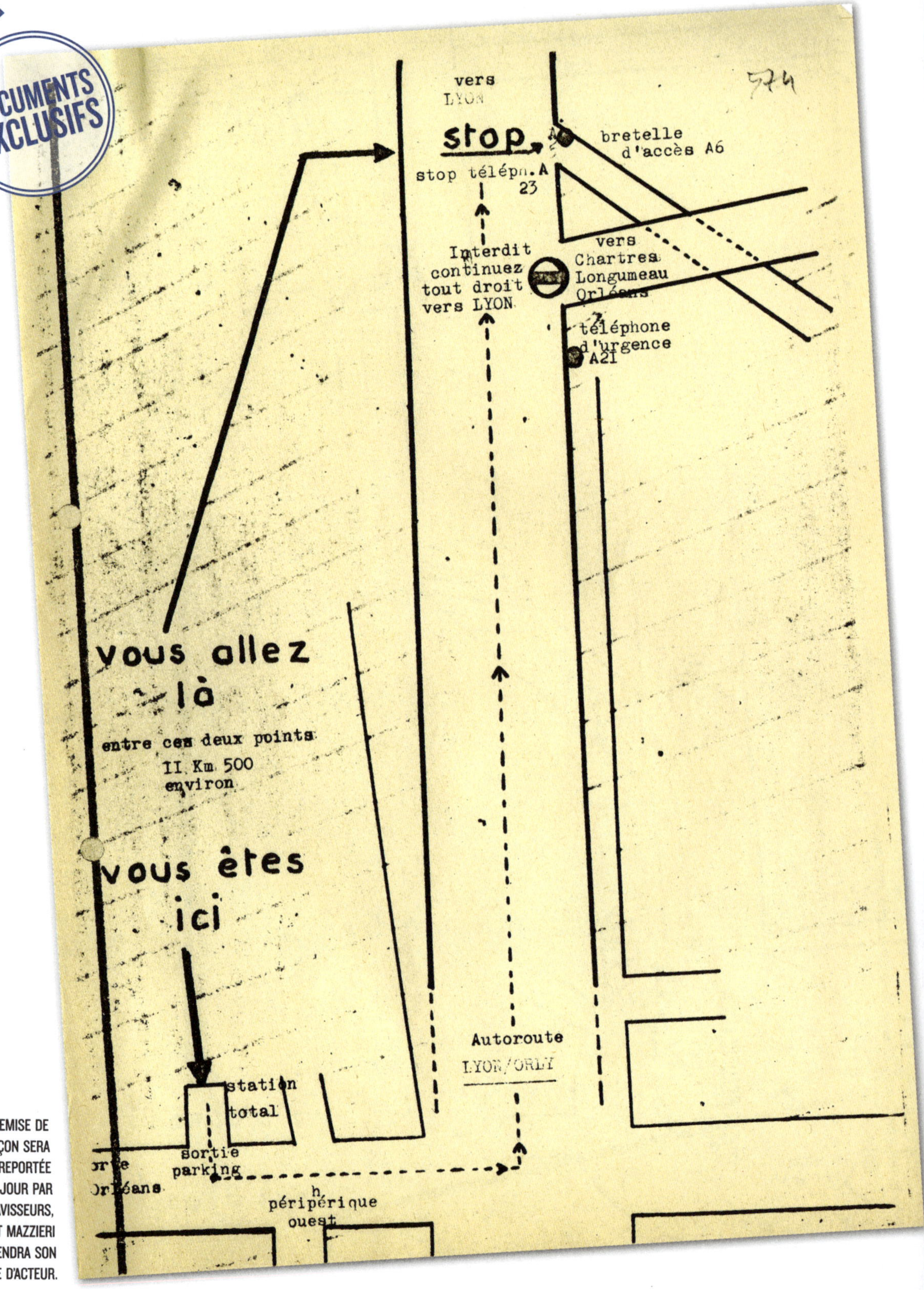

LA REMISE DE RANÇON SERA REPORTÉE D'UN JOUR PAR LES RAVISSEURS, ET MAZZIERI REPRENDRA SON RÔLE D'ACTEUR.

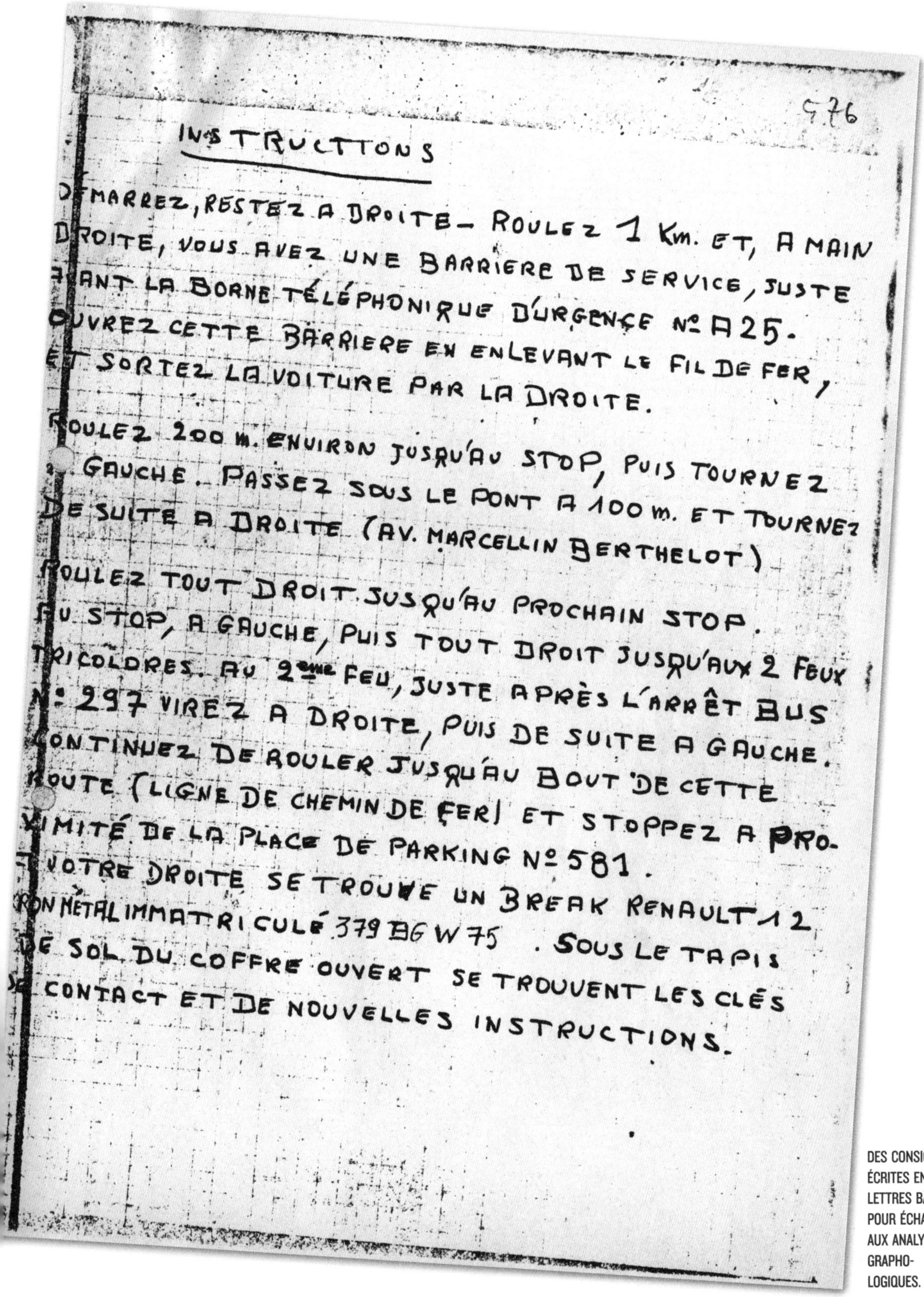

576

INSTRUCTIONS

DÉMARREZ, RESTEZ A DROITE– ROULEZ 1 Km. ET, A MAIN
DROITE, VOUS AVEZ UNE BARRIERE DE SERVICE, JUSTE
AVANT LA BORNE TÉLÉPHONIQUE D'URGENCE N° A25.
OUVREZ CETTE BARRIERE EN ENLEVANT LE FIL DE FER,
ET SORTEZ LA VOITURE PAR LA DROITE.
ROULEZ 200 m. ENVIRON JUSQU'AU STOP, PUIS TOURNEZ
A GAUCHE. PASSEZ SOUS LE PONT A 100 m. ET TOURNEZ
DE SUITE A DROITE (AV. MARCELLIN BERTHELOT)
ROULEZ TOUT DROIT JUSQU'AU PROCHAIN STOP.
AU STOP, A GAUCHE, PUIS TOUT DROIT JUSQU'AUX 2 FEUX
TRICOLORES. AU 2ème FEU, JUSTE APRÈS L'ARRÊT BUS
N° 297 VIREZ A DROITE, PUIS DE SUITE A GAUCHE.
CONTINUEZ DE ROULER JUSQU'AU BOUT DE CETTE
ROUTE (LIGNE DE CHEMIN DE FER) ET STOPPEZ A PRO-
XIMITÉ DE LA PLACE DE PARKING N° 581.
A VOTRE DROITE SE TROUVE UN BREAK RENAULT 12
MARRON MÉTAL IMMATRICULÉ 379 BG W 75. SOUS LE TAPIS
DE SOL DU COFFRE OUVERT SE TROUVENT LES CLÉS
DE CONTACT ET DE NOUVELLES INSTRUCTIONS.

DES CONSIGNES ÉCRITES EN LETTRES BÂTONS POUR ÉCHAPPER AUX ANALYSES GRAPHOLOGIQUES.

DOCUMENTS EXCLUSIFS

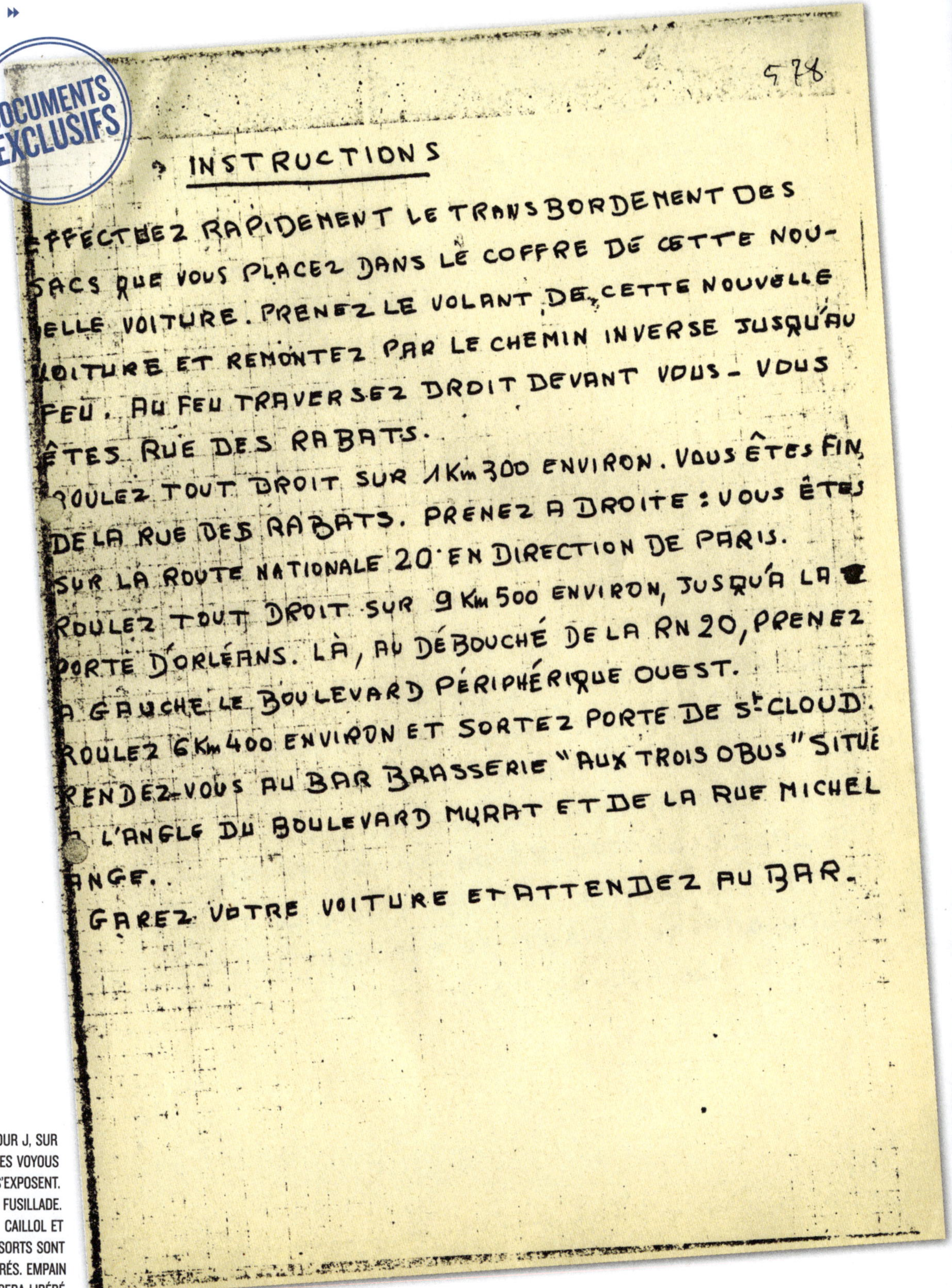
578

→ INSTRUCTIONS

EFFECTUEZ RAPIDEMENT LE TRANSBORDEMENT DES
SACS QUE VOUS PLACEZ DANS LE COFFRE DE CETTE NOU-
VELLE VOITURE. PRENEZ LE VOLANT DE CETTE NOUVELLE
VOITURE ET REMONTEZ PAR LE CHEMIN INVERSE JUSQU'AU
FEU. AU FEU TRAVERSEZ DROIT DEVANT VOUS - VOUS
ÊTES RUE DES RABATS.
ROULEZ TOUT DROIT SUR 1 Km 300 ENVIRON. VOUS ÊTES FIN
DE LA RUE DES RABATS. PRENEZ A DROITE : VOUS ÊTES
SUR LA ROUTE NATIONALE 20 EN DIRECTION DE PARIS.
ROULEZ TOUT DROIT SUR 9 Km 500 ENVIRON, JUSQU'À LA
PORTE D'ORLÉANS. LÀ, AU DÉBOUCHÉ DE LA RN 20, PRENEZ
À GAUCHE LE BOULEVARD PÉRIPHÉRIQUE OUEST.
ROULEZ 6 Km 400 ENVIRON ET SORTEZ PORTE DE St CLOUD.
RENDEZ-VOUS AU BAR BRASSERIE "AUX TROIS OBUS" SITUÉ
À L'ANGLE DU BOULEVARD MURAT ET DE LA RUE MICHEL
ANGE.
GAREZ VOTRE VOITURE ET ATTENDEZ AU BAR.

LE JOUR J, SUR L'A6, LES VOYOUS S'EXPOSENT. FUSILLADE. CAILLOL ET CONSORTS SONT COFFRÉS. EMPAIN SERA LIBÉRÉ.

Le 3 décembre 1975, ce jour où l'Antigang décide de mettre un coup d'arrêt à l'essor des prises d'otages en inaugurant une nouvelle stratégie.

Le coup de semonce de l'avenue Bosquet

Par Jean-Marc Leclerc
avec Pauline Leclerc (bande dessinée)

Dans les années 1970, la mode est aux prises d'otages. Avec le développement de l'info en direct lors des journaux télévisés, les groupes terroristes internationaux ont trouvé dans ce mode d'action une tribune inespérée. La médiatisation nourrit l'effet de terreur recherché. Les braqueurs s'y mettent eux aussi. En ce temps-là, il pouvait se produire 500 braquages en région parisienne en un an ! Et quand la police vient surprendre les voyous lors d'un hold-up, parfois le scénario du pire s'enclenche. Comme le 25 février 1975, avec la sanglante affaire de l'avenue de la République, à Paris, où un guichetier a trouvé la mort, mais aussi un braqueur, tandis que ses complices ont pu fuir avec l'argent.

Il y a plus inquiétant : certains malfrats viennent délibérément séquestrer les clients d'une banque »

» pour exiger une rançon et un moyen de fuite. La vie humaine devient l'objet du chantage. La brigade de recherche et d'intervention (BRI), plus communément appelée l'Antigang, doit mettre un coup d'arrêt à cette dérive, car le risque d'escalade est trop fort. Son chef, le commissaire Marcel Leclerc, soumet le 14 avril 1975 un plan d'action à la direction de la PJ parisienne, que le préfet de police, Jean Paolini, accepte.

La BRI se dote alors d'un poste de commandement mobile, ancêtre des actuels PC blindés des services de choc de la police. C'est le préfet et lui seul qui assume la responsabilité des opérations, s'agissant d'abord d'un trouble grave à l'ordre public. Les rôles sont répartis entre trois unités distinctes : l'équipe de protection du public boucle le périmètre avec les effectifs en tenue et sanctuarise le car de commandement, qui peut se raccorder aux lignes téléphoniques du quartier ; l'équipe d'investigation, composée d'éléments de la BRB ou de la Crim', se concentre sur l'enquête d'urgence pour rassembler un maximum d'informations sur les auteurs, en analysant notamment leur modus operandi ; le reste, c'est-à-dire les tractations téléphoniques et l'intervention, sera de la compétence exclusive de la BAC (brigade anticommando). C'est la « Super Antigang ». Elle est composée de la crème de la BRI, soit quarante hommes, avec en appoint vingt instructeurs de tir et de champions du corps-à-corps, ainsi que d'une poignée d'experts en utilisation de gaz incapacitants. Cette BAC est l'ancêtre du Raid, à cette différence près qu'elle se réunit seulement au coup par coup. Son arsenal est composé de 67 révolvers, 10 carabines et 4 mitraillettes.

La BAC, c'est la « Super Antigang ». Elle est l'ancêtre du Raid, à cette différence près qu'elle se réunit seulement au coup par coup. Son arsenal est composé de 67 révolvers, 10 carabines et 4 mitraillettes

Évidemment, la négociation n'aboutit pas toujours. Pour Robert Broussard, adjoint de Marcel Leclerc auquel il succédera un jour, il convient alors de répartir ses tireurs d'élite, de peaufiner ses options d'assaut, de mettre en place également un itinéraire de fuite contrôlé, avec quadrillage et observation aux points de passage, si les truands obtiennent un véhicule et partent avec leurs otages. Souvent, la police préfère intervenir à froid, quand les braqueurs se croient à l'abri dans leur planque et se relâchent. Mais ce mercredi-là, le sort en a décidé autrement. Nous sommes le 3 décembre 1975. Récit à la première personne du singulier… ■

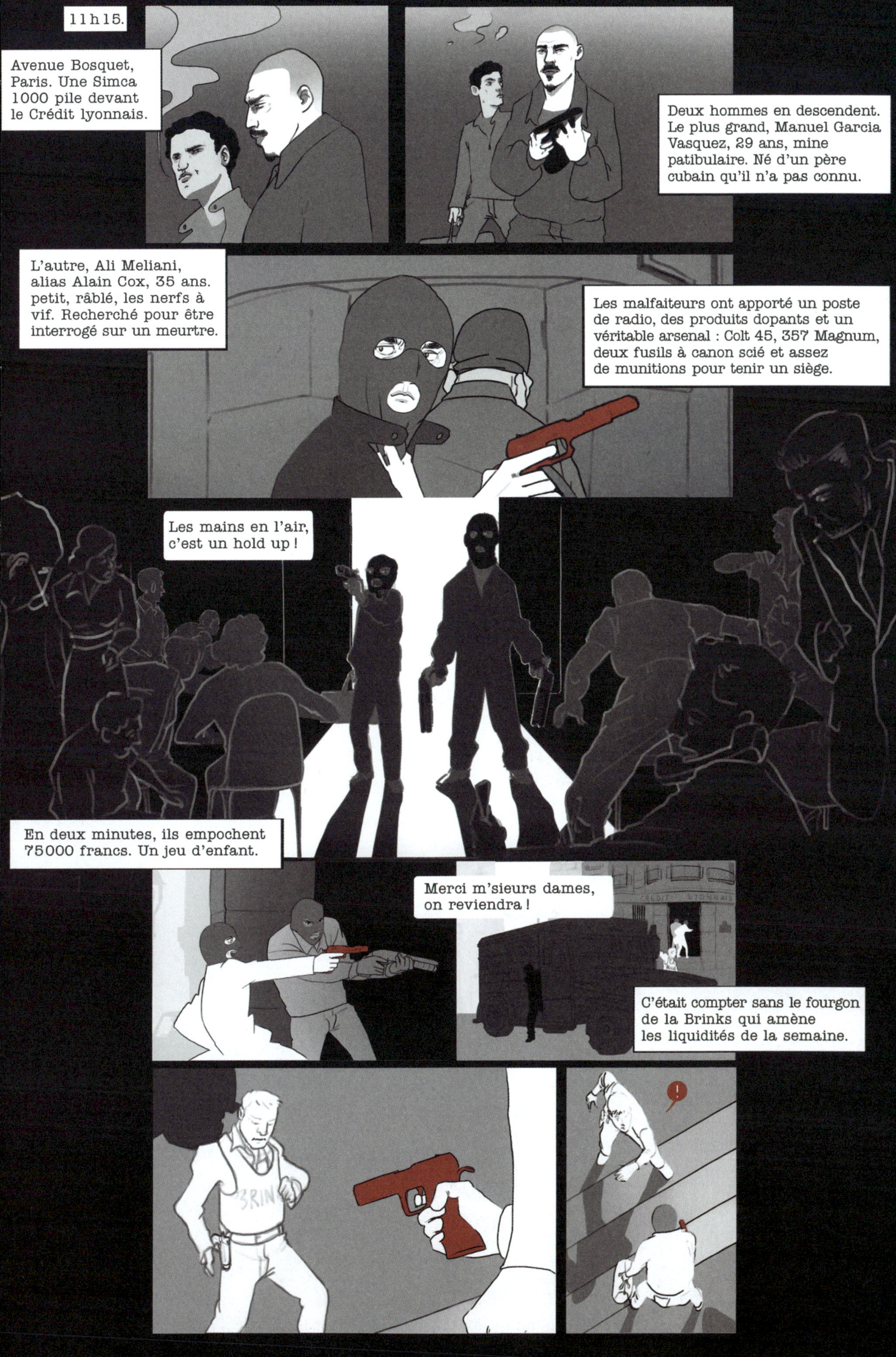
11 h 15.
Avenue Bosquet, Paris. Une Simca 1000 pile devant le Crédit lyonnais.
Deux hommes en descendent. Le plus grand, Manuel Garcia Vasquez, 29 ans, mine patibulaire. Né d'un père cubain qu'il n'a pas connu.
L'autre, Ali Meliani, alias Alain Cox, 35 ans. petit, râblé, les nerfs à vif. Recherché pour être interrogé sur un meurtre.
Les malfaiteurs ont apporté un poste de radio, des produits dopants et un véritable arsenal : Colt 45, 357 Magnum, deux fusils à canon scié et assez de munitions pour tenir un siège.
Les mains en l'air, c'est un hold up !
En deux minutes, ils empochent 75000 francs. Un jeu d'enfant.
Merci m'sieurs dames, on reviendra !
C'était compter sans le fourgon de la Brinks qui amène les liquidités de la semaine.
!

Les truands arrosent tous azimuts.
Les voilà repliés dans l'agence, acculés par les convoyeurs, qui manœuvrent leur fourgon pour bloquer la porte.
BRINKS
POLICE
Déjà, la police du quartier arrive, mais ses 7,65 mm ne sont pas de taille. L'Antigang prend le relais.
À l'époque, j'étais le chef de la BRI.
11 h 45. Le contact est établi.
C'est le commissaire Leclerc qui te parle.

Ah, bien. On veut deux millions de dollars et deux millions de francs. Et puis une CX 2000.
Tu es très mal renseigné, on n'a pas de CX à l'Antigang.
Ecoute-moi bien, Leclerc, si à 8 heures j'ai pas satisfaction, j'en abats deux et je te les sors devant la porte !
Parlons franchement. Tu n'as tué personne. Tu as simplement loupé un braquage. Dans un an, tu auras des remises de peine. C'est le régime maintenant : quatre jours par semaine.
J'ai envie de tuer ! L'odeur du sang me monte à la tête. Même si tu me donnes l'argent, je suis sûr de tuer uniquement pour le plaisir !
Libérez au moins les femmes.
Non ! De toute façon, la dernière balle sera pour moi.
Tu pourrais le faire tout de suite, ça vaudrait mieux.
À 9 heures, je fais un carnage ! Je te jure, Leclerc...
Mais ne jure pas.
Je te jure que je suis fini. Mais toi aussi !

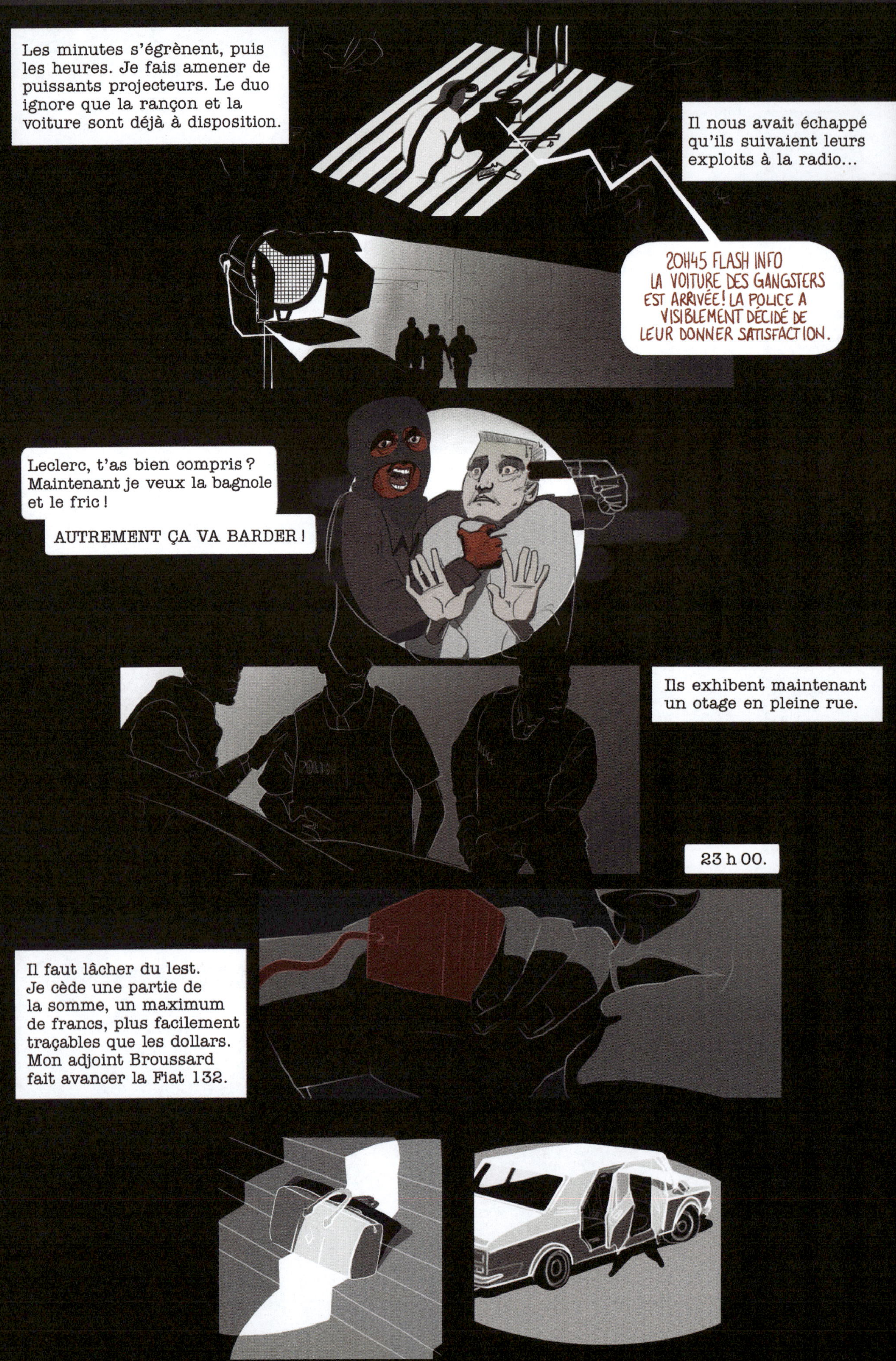
Les minutes s'égrènent, puis les heures. Je fais amener de puissants projecteurs. Le duo ignore que la rançon et la voiture sont déjà à disposition.
Il nous avait échappé qu'ils suivaient leurs exploits à la radio...
20H45 FLASH INFO LA VOITURE DES GANGSTERS EST ARRIVÉE ! LA POLICE A VISIBLEMENT DÉCIDÉ DE LEUR DONNER SATISFACTION.
Leclerc, t'as bien compris ? Maintenant je veux la bagnole et le fric !
AUTREMENT ÇA VA BARDER !
Ils exhibent maintenant un otage en pleine rue.
23 h 00.
Il faut lâcher du lest. Je cède une partie de la somme, un maximum de francs, plus facilement traçables que les dollars. Mon adjoint Broussard fait avancer la Fiat 132.

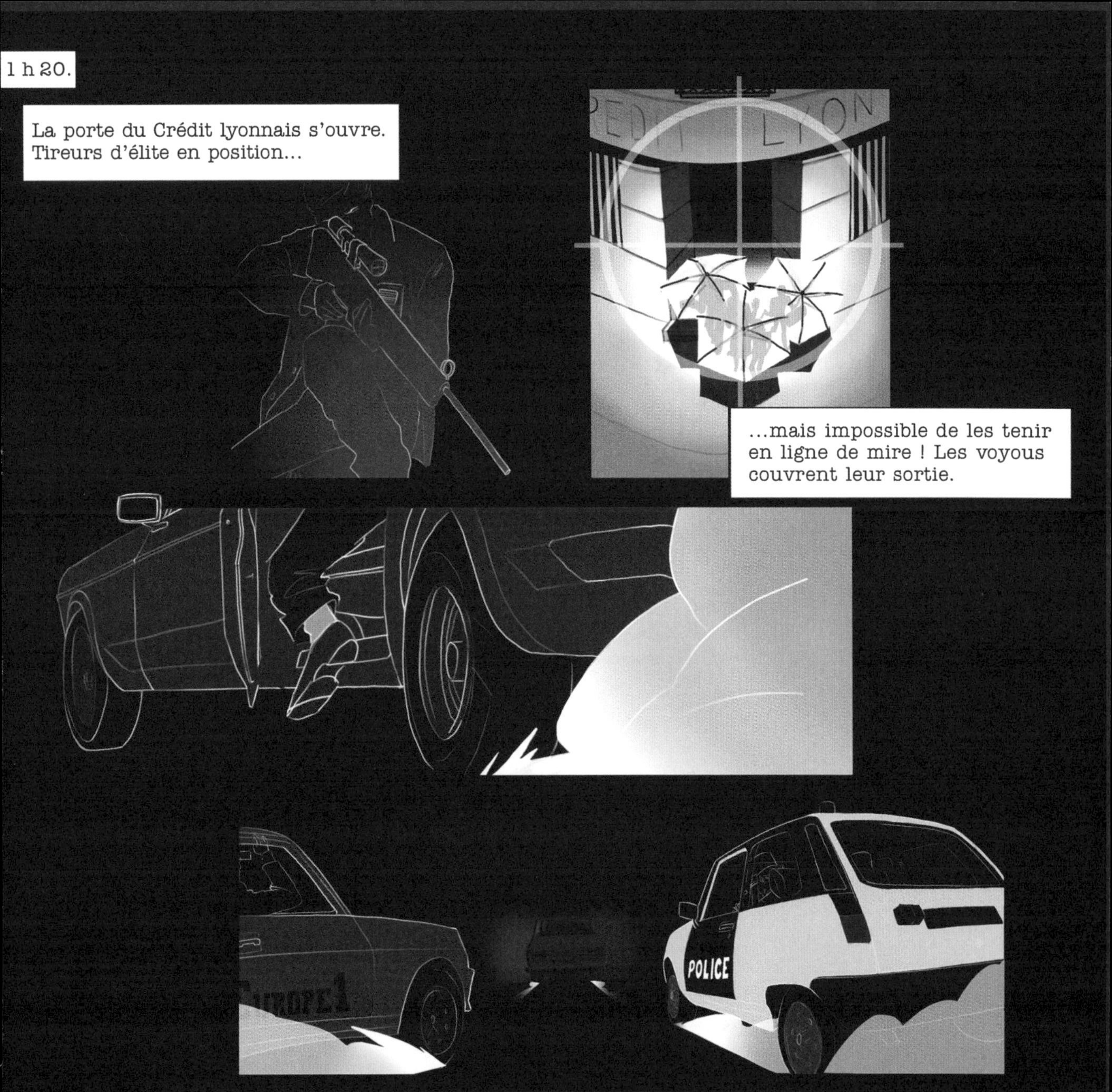
1 h 20.
La porte du Crédit lyonnais s'ouvre. Tireurs d'élite en position…
…mais impossible de les tenir en ligne de mire ! Les voyous couvrent leur sortie.
POLICE

FIAT
132

Dans la GS percutée par la Fiat, se trouvaient Gilbert Gantier et Jean Biane, deux députés qui venaient de déposer une proposition de loi pour durcir les peines contre les preneurs d'otages. Cox a bondi de l'auto et fait feu sur les antigangs conduits par Broussard. Réplique mortelle. Vasquez, lui, se rend.

Bilan de ces quatorze heures d'angoisse : un malfaiteur tué, un autre capturé, les 29 otages sains et saufs, la rançon intégralement retrouvée, deux parlementaires comotionnés mais indemnes et aucun policier blessé. Le plan d'action de l'Antigang a été validé sur le front des combats. Cette affaire retentissante va impressionner le milieu.

J'entends encore la voix de Cox dans le combiné : «La dernière balle sera pour moi.»

Le poseur de bombe présumé de cet odieux attentat antisémite commis, selon l'enquête, pour le compte d'un groupe terroriste palestinien, devant une synagogue à Paris en 1980, sera jugé. Qu'il vienne ou non à son procès.

La France n'oublie pas la rue Copernic

Par Jean Chichizola

Vendredi 3 octobre 1980, 18 h 35. Plus de 300 fidèles sont réunis dans la synagogue de la rue Copernic, à Paris, dans le 16e arrondissement, lorsqu'une forte explosion retentit. Bilan : quatre morts et 46 blessés. Le caractère antisémite de l'attaque ne fait aucun doute. Qui peut avoir perpétré une telle horreur ?

Le contexte sécuritaire et politique de l'époque va d'abord faire naître la piste de l'extrême droite, qui se révélera fausse. Sur le plan sécuritaire, l'attentat survient alors que se multiplient en France des actions antisémites et racistes revendiquées par des groupes d'extrême droite. L'attaque est d'ailleurs revendiquée par un groupuscule néonazi. Revendication erronée mais le mal est fait.

À quelques mois de la présidentielle de 1981, le contexte politique va alimenter cette thèse. À droite, la réaction est calamiteuse. Le 3 octobre, le premier ministre, Raymond Barre, déplore un « *attentat odieux qui voulait frapper des Israélites qui se rendaient à la synagogue et qui a frappé des Français innocents qui traversaient la rue Copernic* ». Il faut attendre le 8 octobre pour que Valéry

Giscard d'Estaing s'exprime à la télévision. Face à une communauté juive meurtrie et en colère, la gauche, et notamment François Mitterrand, joue mieux sa carte. À la tribune de l'Assemblée, il dresse la liste des actes racistes « *impunis* » et évoque Anne Franck. « *Ma jeunesse* » tonne-t-il avant de conclure : « *on assassine ses frères* ». À l'époque, la formule fait mouche. Avec le recul, elle prend tout son sel dans la bouche de l'homme d'une « jeunesse française », ancien fonctionnaire de Vichy et ami de René Bousquet. Qui, de surcroît, une fois au pouvoir, cautionnera un accord de « non-agression » avec les terroristes antisémites auteurs du massacre de la rue des Rosiers en 1982.

L'attentat serait l'œuvre du Front populaire de libération de la Palestine-Opérations spéciales, scission du FPLP. Les terroristes, dont le poseur de bombe, un certain Hassan, ont regagné le Liban après l'attaque

La polémique politique pourrit aussi l'institution policière. Des syndicats proches de la gauche dénoncent l'infiltration de la police par des néonazis, accusent la hiérarchie policière. Patron de la Crim' depuis 1979, Marcel Leclerc, 45 ans, défend ses hommes. Comme il l'a déjà fait à l'été 1980 en réponse à un magistrat. Le commissaire Leclerc affirmait alors : « *Je fais de la police pas de la politique. La casquette de défenseur des néonazis qu'on veut nous faire porter ne nous va pas du tout. J'ai conscience qu'on règle des comptes politiques par police interposée. Notre moral en souffre. Je ne roule pour personne.* »

Dans un premier temps, la Crim' et son chef ne négligent d'ailleurs pas la piste d'extrême droite. Des dizaines de militants d'extrême droite sont interpellés partout en France dès le 4 octobre. Mais c'est l'impasse. Et pour cause. La Crim' est sur une autre piste bien plus fructueuse. La bombe, près de dix kilos de pentrite, était fixée sur une moto de marque japonaise. Les policiers retrouvent le magasin où un Chypriote, Alexandre Panadriyu, a acheté l'engin peu de temps avant l'attentat. Puis l'hôtel où il a couché avec une prostituée. Toujours avant l'attaque, Panadriyu a été interpellé pour le vol d'une pince coupante dans un magasin. Interpellé, il a été relâché sans qu'on prenne malheureusement ses empreintes. Mais tous ces témoignages permettent de dresser le portrait-robot d'un homme au type méditerranéen dont le passeport chypriote est faux.

Citant des sources policières étrangères, notamment allemandes qui connaissent bien la mouvance palestinienne, plusieurs notes de la Crim', de la DST et des Renseignements généraux apportent, entre 1980 et 1982, des éléments incomplets mais troublants : l'attentat serait l'œuvre du Front populaire de libération de la Palestine-Opérations spéciales, scission du FPLP. Les terroristes, dont le poseur de bombe, un certain Hassan, ont regagné le Liban après l'attaque.

Le problème pour la Crim' est que le Liban de 1980 est plongé dans la guerre civile. Le dossier est donc bien ficelé mais une longue attente commence. Sans que les enquêteurs oublient jamais Copernic. Dans les années 1980, le FPLP-OS resurgit en marge de certains dossiers. L'un de ses responsables est ▸▸

» arrêté à Rome avec un lot de documents. Parmi eux, le vrai passeport d'un Libanais, Hassan Diab, avec des tampons d'entrée en Espagne le 20 septembre 1980 et de sortie le 7 octobre. En 1982, le mari d'Aliza Shagrir, l'une des victimes décédée de l'attaque de la rue Copernic, est avec l'armée israélienne au Liban quand des sources du Mossad lui confirment l'implication du FPLP-OS. En 1988 enfin, un activiste libanais propalestinien est entendu en France dans le cadre d'une procédure qui n'a rien à voir avec l'attentat. Mais au détour de son témoignage, il évoque un couple de ses amis, Hassan Diab et son épouse Nawal Copty, en soulignant leur proximité avec le FPLP.

À l'époque, les activistes palestiniens sont fatigués, désunis. Certains vont finir par parler. Le 19 avril 1999, la DST rédige une note fondée sur des renseignements *« de bonne valeur »*. Tout y est dit sur le poseur de bombe présumé : Hassan Naïm Diab, né le 20 novembre 1953 à Beyrouth, domicilié à Ottawa, et ex-mari de sa compatriote Nawal Copty.

Quelques années plus tard, le juge d'instruction Marc Trévidic, s'appuyant sur la DST et sur la brigade criminelle, décide d'exploiter ces informations. À des décennies de distance, point de preuve absolue (ADN, empreintes…) mais des indices graves et concordants. Interviewé par *Le Figaro* en 2007, Hassan Diab affirme être victime d'une homonymie et n'avoir jamais milité politiquement. L'accusation retient pourtant contre lui ses relations avec plusieurs militants propalestiniens, son implication dans cette mouvance reconnue par des proches, les notes de renseignement sur l'attentat, sa ressemblance avec le portrait-robot du terroriste, soulignée par plusieurs témoins, les expertises d'écritures notamment sur la fiche d'hôtel de 1980, qui l'incriminent. Et enfin la découverte de son passeport authentique en possession d'un membre du FPLP avec trace d'un séjour en Espagne entre le 20 septembre et le 7 octobre 1980, sachant que, selon la DST, les terroristes seraient entrés en France via l'Espagne et ressortis par la même route.

Le 13 novembre 2008, Hassan Diab est interpellé à Ottawa en exécution d'un mandat d'arrêt délivré par le juge Trévidic. Professeur de sociologie, il avait obtenu la nationalité canadienne en 1993 après un séjour aux États-Unis dans les années 1980

Le 13 novembre 2008, Hassan Diab est interpellé à Ottawa en exécution d'un mandat d'arrêt délivré par le juge Trévidic. Professeur de sociologie, il avait obtenu la nationalité canadienne en 1993 après un séjour aux États-Unis dans les années 1980. Ce n'est que le début d'un long feuilleton judiciaire aux moult rebondissements. Extradé en 2014, il est mis en examen à Paris et placé en détention provisoire. Puis il bénéficie d'un non-lieu prononcé en 2018 par le successeur du juge Trévidic. Hassan Diab repart aussitôt au Canada mais, le 27 janvier 2021, la chambre de l'instruction de la cour d'appel de Paris le renvoie finalement devant une cour d'assises spécialement composée et son pourvoi en cassation est rejeté le 19 mai. Un procès n'est pas attendu avant de longs mois. Nul ne sait encore si Hassan Diab, l'homme accusé d'avoir posé la bombe de la rue Copernic, y assistera. Les victimes et leurs familles attendent des explications depuis plus de quarante ans. ■

Chef de groupe à la Criminelle, le commandant Bustamante enquêta sur le premier crime de la série attribuée à Guy Georges entre 1991 et 1998, avant que le tueur psychopathe ne soit interpellé et condamné à la perpétuité en 2001.

Michel Bustamante « Guy Georges a obsédé la Crim' »

*Propos recueillis par Marie-Amélie Lombard-Latune**

LE FIGARO. - Le 25 janvier 1991, Pascale Escarfail, étudiante à la Sorbonne de 19 ans, est retrouvée morte chez elle dans son studio de Montparnasse. Vous vous rendez sur place. L'horreur du crime dépasse le quotidien pénible de la brigade criminelle. Quels sont vos souvenirs ?

Michel BUSTAMANTE. - Ce qui frappait, c'était la violence avec laquelle Pascale Escarfail, blonde, très belle, avait été martyrisée. Son corps nu, sa tête renversée en arrière, les traces de couteau, le sang… Je revois toujours son visage avec ses yeux qui me fixaient, l'air de dire : « Essaie d'arrêter celui qui m'a fait cela. »

Comment réagissez-vous ?

Dans les premières minutes, mes enquêteurs et moi sommes sonnés. Tout le monde se regarde, dans le silence. Puis les réflexes professionnels reprennent le dessus. On s'imprègne des lieux, de l'ambiance… On essaie de comprendre ce qui a pu se passer. C'est très important d'être sur place, à chaud. La scène doit rester figée dans nos têtes pour que, plus tard, lors de l'enquête, on puisse déterminer si la version d'un témoin, d'un suspect est plausible.

Les mois passent, l'enquête piétine. Arrive un petit nouveau à la brigade criminelle, qui, dans le film, va redonner de l'énergie à votre groupe. Est-ce conforme à la réalité ?

Oui, c'est l'habitude de confier à la nouvelle recrue tous les vieux dossiers en lui demandant de les regarder avec un œil ⏩

» neuf. Ce qu'a fait Francis Bechet, qui avait vite été surnommé « Sidney » parce que Sidney... Bechet. Nous ne nous compliquions pas la tête pour les surnoms. Moi, c'était « Bubu », pour Bustamante. Mon adjoint, Jean-Luc Michel, n'avait pas de surnom, mais le talent pour nous remettre d'équerre quand nous partions sur trop de suppositions. Pour souder notre groupe, je l'emmenais, une fois par an, faire de la pêche en mer au large de la Normandie. « Sidney » propose de nouvelles investigations. Grâce à lui, on découvre que, quelques mois plus tôt, dans une propriété bourguignonne des Escarfail, une jeune femme a été tuée dans la maison des gardiens. Une coïncidence qui mérite d'être explorée.

«Depuis l'affaire Guy Georges, un fichier des empreintes génétiques a été mis en place. Avant, seuls les laboratoires conservaient leurs traces, en douce...»

Oui, c'est en enquêtant sur un installateur de téléphone - on s'intéressait à toutes les personnes qui, pour une raison ou une autre, avaient pu venir dans l'appartement de Pascale Escarfail - qu'on était tombés en Bourgogne. Là, les gendarmes d'Auxerre avaient signalé à « Sidney » que le nom d'Escarfail leur disait quelque chose à cause d'un crime commis dans leur manoir d'Avallon. On avait trouvé cela troublant, et on avait interrogé le père de Pascale Escarfail. Pourquoi, d'emblée, ne nous avait-il pas parlé de cette affaire ? Nous voulions comprendre.

Au point de soupçonner le père de la victime ? Et de lui faire subir un interrogatoire serré ?

Oui, à plusieurs membres du groupe, Jean-Pierre Escarfail paraissait déjà « bizarre ». Il n'avait pas réagi comme on pouvait s'y attendre à l'annonce de la mort de sa fille. Aux yeux de certains, il était anormalement calme, silencieux... Il ne nous insultait pas, ne tempêtait pas en nous demandant de trouver le coupable, répondait avec détachement. Moi, pour d'autres raisons, je n'envisageais pas sa culpabilité. Je me disais qu'un père ne pouvait infliger à sa fille ce que Pascale avait subi. Sans doute un autre cliché.

Votre groupe part ainsi sur plusieurs fausses pistes...

Nous avons eu des doutes sur le petit ami de la victime, qui a été placé en garde à vue. En plus, on avait trouvé chez lui un début de roman relatant un crime... On a aussi dû enquêter sur une lettre anonyme qu'avait soi-disant reçue une ancienne élève du lycée Montaigne où avait été scolarisée Pascale Escarfail. En fait, une tentative de vengeance... Nous avons même dû vérifier que la victime ne se faisait pas de l'argent comme escort-girl. De la pure calomnie. Cela étant, ces faux suspects, cela fait toujours réfléchir. Que se serait-il passé si le père de Pascale Escarfail ou son petit ami avait craqué sous la pression, si l'un ou l'autre avait passé de faux aveux ? L'erreur judiciaire n'est jamais loin.

D'autant qu'à l'époque, les techniques liées à l'ADN sont beaucoup moins performantes. Quels progrès ont été réalisés ?

Ils sont énormes du côté scientifique. Et, depuis l'affaire Guy Georges, un fichier des empreintes génétiques a été mis en place. Avant, seuls les laboratoires conservaient leurs traces, en douce...

Un autre épisode est frappant. En 1995, une jeune femme, Élisabeth Ortega, échappe de peu à Guy Georges. Aux enquêteurs, elle décrit son agresseur, un portrait-robot est dressé : celui d'un Maghrébin, alors que le tueur est métis… Une nouvelle fausse piste qui plombera encore l'enquête ?
Oui, c'est toute la fragilité du témoignage humain. Pourtant, Élisabeth Ortega a tout fait pour aider l'enquête, acceptant d'effectuer des rondes de nuit pour tenter d'identifier le serial killer. Une erreur a cependant été commise : arrêté pour une autre affaire, Guy Georges lui est présenté debout, de face, derrière une vitre sans tain, alors qu'elle l'avait vu allongé, de profil, lorsqu'elle avait été agressée. De plus, on ne lui a pas fait écouter sa voix, qu'elle aurait peut-être plus facilement reconnue que son visage.

L'EX-COMMANDANT MICHEL BUSTAMANTE : « L'HUMAIN PEUT CACHER UN DEGRÉ DE CRUAUTÉ ET DE PERVERSION INOUÏ. »

Au fil des années et des meurtres, plusieurs groupes enquêtent sur ces différents crimes, non sans rivalités entre eux. Est-ce inéluctable ?
Le principal défaut était le manque de communication entre les groupes. Nous étions chargés d'Escarfail, un autre des « meurtres des parkings », où plusieurs des victimes avaient été retrouvées, etc. Lorsque Martine Monteil *(elle prend la tête de la brigade criminelle en 1996, NDLR)* est arrivée, elle a obligé les chefs de groupe à se réunir tous les lundis matin pour faire le point.

Le jour de l'arrestation de Guy Georges, le 26 mars 1998, vous aviez quitté le 36, Quai des Orfèvres depuis quelques mois pour prendre la tête du commissariat du 5e arrondissement. Regrettez-vous de ne pas être parmi vos collègues, massés dans l'escalier du « 36 », pour assister à l'arrivée du tueur ?
Bien sûr. L'affaire nous avait tous obsédés, la résoudre nous tenait à cœur. J'avais toujours gardé une photo de Pascale Escarfail sur mon bureau… Après l'arrestation, « Sidney » m'a fait passer une photo de Guy Georges, celle de l'identité judiciaire, pour que je voie sa tête.

Que vous a-t-elle inspiré ?
Pfff… Que l'humain peut cacher un degré de cruauté et de perversion inouï. Parce que, par ailleurs, Guy Georges est quelqu'un de poli. À « Sidney », qui a recueilli ses aveux, il a dit : « *Il n'y a qu'en prison que je me sens bien.* » Et il a aussi expliqué que le matin de l'assassinat de Pascale Escarfail, lorsqu'il s'était levé, il savait qu'il allait tuer avant le soir. ■

**Entretien paru dans* Le Figaro *le 7 janvier 2015.*

RETOUR EN IMAGES

De la police d'Alphonse Bertillon aux heures noires du terrorisme contemporain, en passant par les coups d'éclat de la brigade anti-Gestapo, « Le Figaro » revient, avec des clichés chocs et parfois inédits, sur quelques-uns des grands événements qui ont émaillé l'histoire du 36, Quai des Orfèvres. Les années 1970-1980 marquèrent l'apothéose d'une forme de criminalité où les enlèvements le disputaient aux braquages. Ce furent aussi les « années de plomb », où la violence politique atteignit son paroxysme. Des images inoubliables.

LE HOLD-UP SANGLANT
DE L'AVENUE DE
LA RÉPUBLIQUE, À PARIS,
LE 27 FÉVRIER 1975.
POUR LE POUVOIR
DE L'ÉPOQUE, IL ÉTAIT
TEMPS DE RÉAGIR.

▶
1966. LA CRIM'
DE MAURICE BOUVIER
(1ER RANG, AU CENTRE).

▶
1978. LE BARON EMPAIN
(À GAUCHE) TRINQUE
AVEC LA PJ APRÈS
SA LIBÉRATION.
À DROITE, LE DIRECTEUR
JEAN DUCRET.

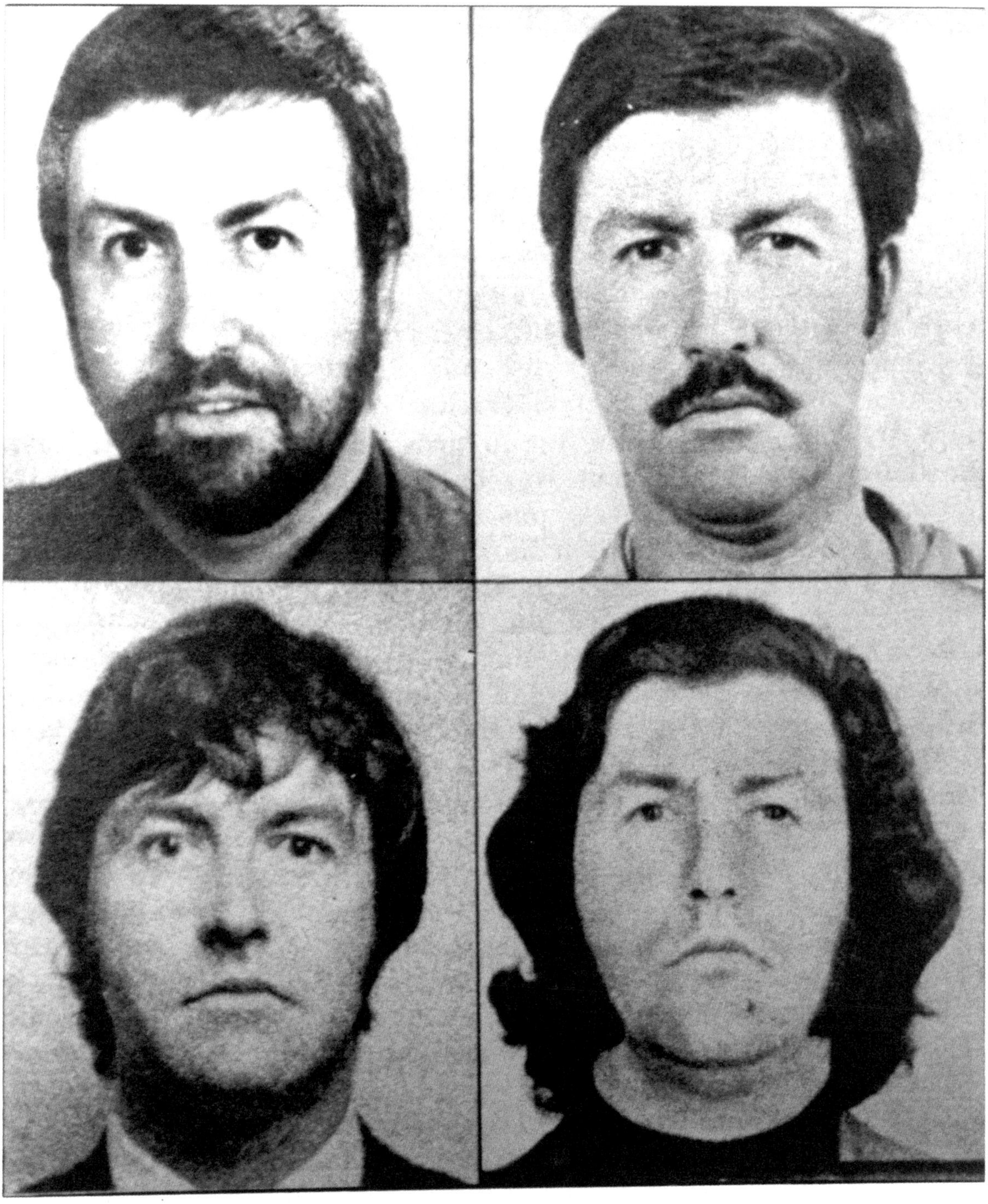

▲ JACQUES MESRINE. UN TUEUR PSYCHOPATHE AUX MULTIPLES VISAGES, PLUS QU'UN ROBIN DES BOIS. SA DERNIÈRE CAVALE S'ACHEVA TRAGIQUEMENT EN 1979.

◀
RECONSTITUTION D'UNE SCÈNE DE MEURTRE PAR LES HOMMES DE LA CRIMINELLE, DANS LES SOUPENTES DU 36, QUAI DES ORFÈVRES.

▲ DES POLICIERS DE LA BRI EN TENUE D'INTERVENTION DEVANT L'EMBLÉMATIQUE FOURGON BLINDÉ DE CETTE UNITÉ D'ÉLITE.

▲ 1981. UNE PARTIE DES ARMES DES PRENEURS D'OTAGES DU CONSULAT DE TURQUIE À PARIS : PISTOLETS ET KALACHNIKOV...

▲ 1975. UNE VITRE ÉTOILÉE DE L'AGENCE DU CRÉDIT LYONNAIS, AVENUE BOSQUET, À PARIS. LES TRUANDS DÉCHAÎNÉS ONT TIRÉ TOUS AZIMUTS.

▲ 1982. DERNIER JOUR À LA TÊTE DE LA CRIMINELLE POUR LE COMMISSAIRE MARCEL LECLERC. UNE VUE SUR LA SEINE DEPUIS LA FENÊTRE DU BUREAU DE MAIGRET.

◀
1978. LE CLICHÉ D'UNE VICTIME CÉLÈBRE : ÉDOUARD-JEAN EMPAIN, TEL QU'IL FIGURE DANS LES ARCHIVES DE L'IDENTITÉ JUDICIAIRE.

JOURNAUX DE L'ÉPOQUE

1978. LES AUTEURS DE LA FUSILLADE DE L'AMBASSADE D'IRAK À PARIS.

1980. LA TENTATIVE D'ASSASSINAT DE BAKHTIAR.

1975. HOLD-UP DE L'AVENUE BOSQUET.

1946. L'ASSAUT DE LA POLICE PARISIENNE CONTRE LE GANG DE PIERROT LE FOU.

1979. LE VOYOU PIERRE GOLDMAN, ICÔNE DE LA GAUCHE MILITANTE, FROIDEMENT ABATTU PAR UN GROUPE DE TROIS HOMMES.

1981. PRISE D'OTAGES AU CONSULAT DE TURQUIE. LA BRIGADE CRIMINELLE OBTINT LA REDDITION DU COMMANDO.

L'AURORE
Lundi 1er octobre 1973
Jacques Mesrine, recherché dans plusieurs pays pour divers crimes et délits, pris et évadé plusieurs fois, a été capturé à Paris sans un coup de feu...
LA FIN DE LA "CAVALE"

◀ 1973. MESRINE ARRÊTÉ PAR LA BRI, GRÂCE AU FLAIR DE LA 1RE BRIGADE TERRITORIALE.

Nos photos en dernière page
France-Soir
Tiercé dimanche
Quatre morts, 31 blessés dont 11 grièvement atteints dans l'attentat antisémite le plus meurtrier jamais commis en France
MONSTRUEUX
Deux motards déposent vers 18 h 40 une bombe sur une voiture, face à la synagogue de la rue Copernic (16e)...
L'ARC: un match France-Angleterre
Le Parc à ras bord pour Paris S.G. St-Etienne

▲ 1980. L'ATTENTAT DE LA RUE COPERNIC.

1982. L'AFFAIRE SAGAWA, VUE DU JAPON. EN PHOTO SUR CETTE UNE, LA VICTIME, RENÉE HARTEVELT, 24 ANS. ▼

夕刊フジ
50円
3月10日(水)
「プロ野球選手名鑑」
プロボクシング「薬物疑惑」
金平前会長きょうにも聴取
来日したパリ警視長—教師、医師から「狂気」を探る
在日フランス女性 証言の中身は
バラバラ殺人の佐川 今月末にも鑑定書
長い髪の23歳 恋人ではないが…
菜

UN HOMME, UNE BRIGADE
LES AVEUX DU PATRON DE LA «CRIMINELLE»
DROUOT

▲ 1978. PIERRE OTTAVIOLI, BAPTISÉ «M. ANTIRAPT».

1978. LA PJ MANIFESTE CONTRE L'IMPUNITÉ DES TUEURS DE L'INSPECTEUR JACQUES CAPELA. ▼

AURORE
...ain à Deauville: 17 partantes
...e l'immunité diplomatique pour ses "gorilles tueurs"
RÉVOLTE DES POLICIERS
Ils s'insurgent devant l'impunité dont vont jouir les assassins de leurs camarades
LA MANIFESTATION DE LA COLÈRE
NOCES D'OR NOIR

1978. LA FIN DU CALVAIRE DU BARON ÉDOUARD-JEAN EMPAIN. ▼

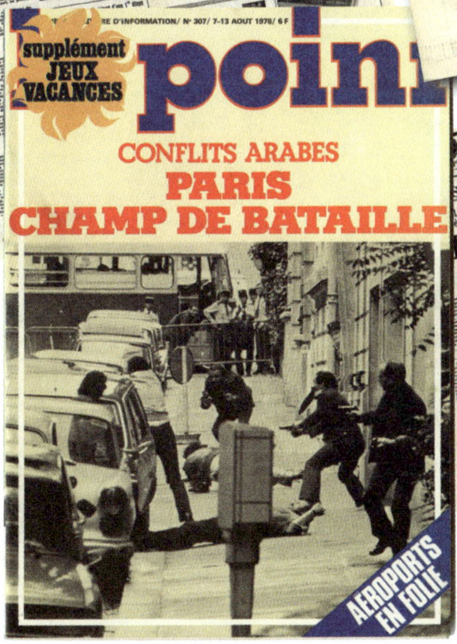
supplément JEUX VACANCES
point
CONFLITS ARABES
PARIS CHAMP DE BATAILLE
AÉROPORTS EN FOLIE

▲ 1978. LA FUSILLADE DE L'AMBASSADE D'IRAK À PARIS.

L'ACTUALITÉ
...du terrorisme européen
...s Français à la tête
Le repaire belge d'Action directe
Ce couple est dangereux
Des N.A.P.A.P. à A.D.
Air Canada vous reçoit sept sur sept.

le point
EMPAIN
POLICE
comment ils ont gagné

1984. LE DUO MALÉFIQUE D'ACTION DIRECTE, ▶ ROUILLAN ET MÉNIGON, VA SEMER LA MORT APRÈS L'AMNISTIE SOCIALISTE DE 1981.

◀
1981. JO QUERRY, ALORS CHEF ADJOINT DE LA BRI, STOPPE AVEC SES HOMMES DES BRAQUEURS SUR LE POINT DE PASSER À L'ACTION À PARIS.

▲ AU MILIEU DES ANNÉES 1960, UNE FOUILLE DE LA CRIM' DANS LES BOIS DE VERSAILLES... À LA RECHERCHE D'UNE TÊTE.

▲ 1944. FOUILLES DANS L'HÔTEL DU DR PETIOT, RUE LE SUEUR À PARIS. IL Y TUAIT ET BRÛLAIT SES VICTIMES.

▲ 2 NOVEMBRE 1979. 15 H 15. MESRINE EST TUÉ PAR LA BRI DE BROUSSARD, PORTE DE CLIGNANCOURT, À PARIS.

▲ 1978, À MEGÈVE, LORS DE LA TRAQUE DES RAVISSEURS D'EMPAIN. ENTOURANT LE COMMISSAIRE LECLERC, LES HOMMES DE L'ANTIGANG SE FONT PASSER POUR DES SKIEURS.

▲ 2000. QUATRE EX-STARS DE LA PJ (LECLERC, BROUSSARD, OTTAVIOLI, LE TAILLANTER), RÉUNIS POUR UNE PHOTO MÉMORABLE AU CAFÉ DE LA PAIX, À PARIS.

UN ENQUÊTEUR DANS LES ANCIENS BUREAUX DE LA SECTION ANTITERRORISTE DE LA BRIGADE CRIMINELLE.

LE NOUVEAU SIÈGE DE LA PJ-PP, AU 36, RUE DU BASTION, AU PIED DU PALAIS DE JUSTICE, DANS LE 17E ARRONDISSEMENT.

LE MUR D'ÉCRANS DE LA SALLE DE COMMANDEMENT DE LA PRÉFECTURE DE POLICE DE PARIS, QUI RAYONNE SUR TOUTE LA PLAQUE URBAINE.

▶
1975. PARIS, BOULEVARD SAINT-GERMAIN. LE BAR LE THÉLÈME, OÙ LE CHEF DU CLAN DES ZEMOUR FUT TUÉ PAR LES ANTIGANGS.

COLMAR
BIÈRE
D'ALSAC
LE THÉLÉ
STATIONNEMENT

▲

APRÈS-GUERRE.
L'INSPECTEUR MAURICE GOUNY (COSTUME CLAIR) DEVANT LE « 36 ». AU BON VIEUX TEMPS DE LA POLICE EN TRACTION.

DANS LES ANNÉES 1950. RAYMOND BOITHIAS (À DROITE). ACTUEL DOYEN DE LA CRIM', À 101 ANS !
▼

▲ 1945. LA BRIGADE ANTI-GESTAPO AU COMPLET. « SOUVENIR DE LA SECTION SPÉCIALE. DÉCEMBRE 1945 », SIGNE L'EXPÉDITEUR DE CETTE PHOTO HISTORIQUE.

▲ 1944. L'EX-INSPECTEUR PIERRE BONNY (L'HOMME AUX LUNETTES), ZÉLÉ COLLABO, LORS DE SON INTERROGATOIRE À LA BRIGADE ANTI-GESTAPO. JUGÉ PUIS FUSILLÉ.

1912. POUR CONTRER
LA BANDE À BONNOT,
LA PJ S'EST DOTÉE
D'AUTOS AU BLINDAGE
DE FORTUNE.

DÉBUT DU XXE SIÈCLE.
COURS D'ÉDUCATION À
LA PHYSIONOMIE SELON
BERTILLON, LE FAMEUX
« PORTRAIT PARLÉ »,
POUR LES ENQUÊTEURS
DE LA POLICE JUDICIAIRE.

1946. MARCEL PETIOT,
LORS DE SON PROCÈS D'ASSISES.
ARRÊTÉ LE 31 OCTOBRE 1944,
CONDAMNÉ À MORT LE 5 AVRIL 1946,
IL A REVENDIQUÉ 63 ASSASSINATS.
L'ACCUSATION N'EN RETENAIT « QUE » 27.

31 JUILLET 1978 : FUSILLADE À L'AMBASSADE D'IRAK

1. LE COMMISSAIRE LECLERC CONDUIT LE PRENEUR D'OTAGES VERS LA R16 D'OTTAVIOLI.

2. COUPS DE FEU. L'INSPECTEUR SEGEAR EST ATTEINT, JACQUES CAPELA TOUCHÉ MORTELLEMENT.

3. LES AGENTS IRAKIENS POURSUIVENT LEURS TIRS, Y COMPRIS DEPUIS LES FENÊTRES DE LEURS LOCAUX.

◀
4. LE COMMISSAIRE BROUSSARD ET L'INSPECTEUR PLOUY TENTENT DE SE METTRE À COUVERT.

◀
5. UN INSPECTEUR FOUDROIE L'IRAKIEN QUI MENAÇAIT LECLERC ET TIRAIT VERS LA RIG.

◀
6. BILAN : UN POLICIER TUÉ, DEUX AUTRES BLESSÉS, AINSI QUE LE PRENEUR D'OTAGES. UN IRAKIEN MORT.

DANS LES COULISSES DES SERVICES

Quel point commun entre un limier de la Crim' d'après-guerre et les Robocop encagoulés de la nouvelle BRI ? Plongée au sein même des unités qui composent la grande famille du « 36 ».

Pour tous, l'ex-commissaire Broussard est le tombeur de Mesrine. Mais sa carrière va bien au-delà d'une confrontation avec « l'ennemi public numéro un ». À l'Antigang, il a affronté voyous et terroristes en cascade. Il a créé le Raid, été préfet en Corse, avant d'occuper les plus hautes fonctions dans la police. Rencontre exclusive, en mai 2021, avec un inoxydable.

Robert Broussard « Le policier solitaire n'existe pas »

Propos recueillis par Jean-Marc Leclerc

L'EX-PRÉFET ROBERT BROUSSARD, EN 2016. UNE CARRIÈRE EXCEPTIONNELLE, TOUJOURS SUR LA BRÈCHE.

LE FIGARO. - Votre nom est indissociable de celui de la brigade antigang. Quel est votre souvenir le plus marquant à la tête de cette unité de choc ?

Robert BROUSSARD. - Une affaire symbolise à elle seule l'action et la technicité des hommes de la BRI, leur patience aussi, c'est celle du banquier Mallet ; quatre mois de travail pour un rapt qui n'aura pas duré plus d'une heure ! Marcel Leclerc dirigeait le service et j'étais son adjoint. L'affaire débute en avril 1977. Nous sommes en planque la nuit sur des individus spécialisés dans les agressions à domicile. Une figure du grand banditisme est repérée dans un bar du 17e arrondissement de Paris. La présence de cet homme à Paris, alors qu'il est censé s'être mis au vert en province, peut signifier qu'il va reprendre du service. Nous ne le lâchons plus. Planques et filatures vont s'enchaîner 24 heures sur 24. Pendant quatre mois, la BRI identifie, « loge », répertorie les habitudes et les fréquentations d'une quinzaine de voyous, pour la plupart fichés. Ils recherchent des locaux, maquillent des voitures volées, procèdent à diverses observations. On les voit acheter chez un antiquaire de la Somme un gros coffre censé stocker le pain ou la farine.

Vous n'avez pas idée de ce qui se prépare ?

Pas encore, mais on se doute que ce n'est pas pour faire du pain ! Et puis, début août, tout se précipite. Le gang organise des répétitions qui trahissent l'imminence d'un gros coup. Toute la brigade est sur le pied de guerre, soit une cinquantaine de policiers. Le 9 août, en début de matinée, quatre membres de la bande prennent le volant de quatre véhicules. Ils sont habillés avec des survêtements aux couleurs dépareillées, visiblement pour compliquer leur identification, si des témoins devaient être amenés à les décrire. Leurs complices, eux, jouent les promeneurs dans le bois de Boulogne, près d'une maison forestière. Soudain, ils remontent leurs capuches, ceinturent un quinquagénaire promenant son labrador, l'aspergent de gaz lacrymogène et le précipitent dans une Peugeot 604 qui démarre en trombe, puis dans une Estafette, garée sur le parcours. Nous les poursuivons discrètement, jusqu'à un café désaffecté du Plessis-Robinson, au sud de Paris. Le coffre et son précieux chargement sont déchargés sous nos yeux, tandis que des complices surveillent les environs.

« Planques et filatures vont s'enchaîner 24 heures sur 24. Pendant quatre mois, la BRI identifie, "loge", répertorie les habitudes et les fréquentations d'une quinzaine de voyous, pour la plupart fichés. Et puis, début août, tout se précipite »

Et vous ne vous faites pas repérer, « mordre » comme on dit dans votre jargon ?

Ils n'ont pas le moindre soupçon. Dix minutes plus tard, les membres du gang ressortent au compte-goutte de l'ancien café. Ils sont arrêtés les uns après les autres, à distance pour ne pas donner l'éveil. Neufs voyous et trois sous-fifres sont arrêtés. On les dépossède de leur impressionnante panoplie : armes de poing, mitraillettes, grenades défensives, gilets pare-balles, jeux de faux papiers. Il nous faut neutraliser un explosif avant d'entrer dans le bâtiment. Au sol-sol, l'otage est cloîtré dans une soute à charbon, dont il faut enfoncer la porte. Il n'est pas blessé. Assis sur un matelas posé à même le sol, il est entravé aux poignets et aux chevilles. Il porte une cagoule aveugle, nouée autour du cou. On la lui retire. *« Qui êtes-vous ? »*, lâche-t-il, éberlué. *« Le commissaire Broussard et voici mes hommes. Et vous, qui êtes-vous ? »* ; *« Bernard Mallet. Je suis banquier. Mais je n'y comprends plus rien, je promenais mon chien... »* ; *« On va vous expliquer... »*

**Surprise réciproque donc !
Et la suite ?**
Les auditions ont commencé. La Criminelle a pris en charge la procédure. Nous savions que les ravisseurs avaient prévu de transférer Mallet dans le sous-sol d'un magasin du 17e arrondissement de Paris, où une cellule avait même été aménagée avec, au-dessus, un poste de surveillance, pour une détention de longue durée. Cette affaire a eu un retentissement énorme. C'est le rapt le plus court de l'histoire de l'Antigang. Quand nous l'avons débriefé devant les représentants de 37 pays, lors d'un séminaire international de police, nos collègues de Scotland Yard étaient bluffés. Les Américains venaient de parler de leurs moyens d'enquête hypersophistiqués, leurs caméras, leurs avions, et nous, les petits Français, avec nos méthodes relevant du système D, notre cabane de chantier mobile, déguisés en ouvriers, et notre petit triporteur, servant de sous-marin pour épier et photographier en douce les truands, nous avons fait sensation !

**À quoi ressemblait
la journée type d'un patron
de la BRI, durant
ces « années héroïques » ?**
Il n'y avait pas de journée type. Bien sûr, il fallait faire le point sur les affaires en cours, sur la gestion du service, mais depuis le 1er octobre 1972, un mois après la tuerie des JO de Munich, la BRI pouvait se transformer à volonté en brigade anticommando, la BAC, pour faire face aux pires événements. À partir de ce moment-là, nous pouvions être saisis pour toutes sortes d'affaires de prise d'otages, aussi bien en région parisienne qu'en province. Avant même la création des GIPN en région et du GIGN des gendarmes, né le 3 novembre 1973, nous avions compétence pour toute la région parisienne mais parfois aussi pour la province. C'est ainsi que nous avons été envoyés à Strasbourg, à Bordeaux, à Brest ou encore en Corse. On était mobilisables en permanence.

**La BAC était un peu la mère
du Raid ?**
Totalement. Nous avions des vies de moines soldats !

**Qui étaient vos hommes
à l'époque ? Étaient-ils
différents de ces policiers
en cagoule et tenue noire
d'intervention qui
impressionnent de nos jours ?**
Une précision sur la tenue noire : il s'agit de la tenue d'intervention de la BRI ou du Raid, notamment dans les affaires de prise d'otages. Elle impressionne effectivement, mais il ne s'agit pas de la tenue habituelle des hommes de l'Antigang en surveillance ou en intervention « normale ». Le grand principe n'est pas d'impressionner qui que ce soit, mais de se fondre dans le paysage et de ne pas se faire remarquer par un comportement, une tenue vestimentaire ou l'utilisation d'un véhicule rappelant un service de police. Il faut avoir l'art de s'adapter au milieu où l'on opère et savoir déployer, d'une certaine manière, des talents d'acteur. On ne planque pas de la même façon dans le 16e et à Belleville !

« Scotland Yard était bluffé. Avec notre système D, déguisés en ouvriers, notre cabane de chantier mobile, et notre petit triporteur, nous avons fait sensation ! »

**Quelle est la qualité
la plus importante, à votre avis,
pour exercer à l'Antigang ?**
Au-delà de la maîtrise de soi, la capacité à travailler en équipe est fondamentale. Cela exige de la discipline dans l'exécution des consignes. L'inobservation d'une règle de base par un seul membre du groupe peut dérégler tout le mécanisme. Ensemble, nous avons appris à gérer les situations d'affrontements physiques, à contrer les effets secondaires de la violence : la nervosité, l'agressivité, la panique. Bien sûr, lors d'une bagarre ou d'une fusillade, nous n'étions jamais à l'abri d'un ▸▸

» drame ; c'était une question de chance, de hasard aussi. Mais l'expérience nous permettait généralement de conserver une grande lucidité. J'étais moi-même admiratif devant le courage, le sang-froid, voire le flegme, dont faisaient preuve les inspecteurs au plus fort de l'action. J'ai dû affronter avec eux, en dix ans d'Antigang, de 1972 à 1983, de nombreuses affaires d'enlèvement !

Vous êtes aussi le père du Raid, créé le 23 octobre 1985...
Rappelons d'abord qu'en 1983, j'ai été nommé préfet délégué à la sécurité en Corse, confrontée à l'époque à des assassinats et à des vagues d'attentats... Deux ans plus tard, de retour à Paris, je suis préfet, adjoint opérationnel auprès du directeur général de la police nationale... C'est à ce titre que j'ai conçu cette unité d'élite, proposant Ange Mancini comme patron. Son nom a été retenu. C'était un excellent choix. On ne pouvait imaginer pire scénario que la première intervention du Raid : une prise d'otages dans un palais de justice ! C'était à Nantes, le 19 décembre 1985. Le ministre de l'Intérieur, Pierre Joxe, me demande ce jour-là d'accompagner Mancini sur place, entouré d'une trentaine d'hommes. Parmi eux se trouvent quelques anciens de la BRI que je connais bien : Christian Lambert, François Santini, Loïc Janot, Jean-Yves Toumit, Jean-Louis Fiamenghi - désolé de ne pouvoir tous les citer. Très rapidement, cette affaire a pris une envergure inédite. L'autorité de l'État était ridiculisée, la justice bafouée, les magistrats humiliés. Le président de la cour d'assises, menotté à un gangster, fut contraint de porter un sac d'où dépassait le canon d'une mitraillette ! Le tout sous l'œil des caméras de télévision, ce qui décuplait l'intensité dramatique des événements. Tout le monde nous attendait au tournant. Les négociations ont duré plus de vingt-quatre heures !

« Je garde également en mémoire ces instants de grande solitude, quand il fallait trancher, prendre la bonne décision dans un moment crucial »

À quoi pense-t-on dans ces moments ?
Pour nous, le cahier des charges a toujours été très clair : d'abord, libérer les otages ; ensuite, arrêter les auteurs ; enfin, assurer l'intégrité physique des policiers et des autres intervenants. Nous n'étions pas des cow-boys. Certaines autorités à Nantes voulaient que l'on cède. J'ai tenu bon et l'affaire fut un succès total. C'est une grande satisfaction bien sûr, mais je garde également en mémoire ces instants de grande solitude, quand il fallait trancher, prendre la bonne décision dans un moment crucial. Une sensation rarement ressentie à ce niveau d'intensité tout au long de ma carrière.

Les grands voyous comme ceux dont vous avez, avec vos hommes, stoppé la course autrefois, seraient-ils une espèce en voie d'extinction ?
Le monde a changé, c'est certain. Il y a cinquante ans, les grands truands assumaient leur statut, avec des règles et des usages. Ces clichés n'ont plus lieu de perdurer. Aujourd'hui, il reste quelques têtes d'affiche, quelques filières, quelques réseaux, davantage orientés vers les grands trafics. Il n'y a quasiment plus de braqueurs comme à une certaine époque. La protection des établissements y est pour beaucoup ; il n'y a plus d'argent dans les banques !

Et les affaires dites de « saucissonnage », n'est-ce pas un nouveau danger ?
Ce sont des agressions très traumatisantes pour ceux qui les subissent. Elles témoignent du fait que certains voyous agressent désormais directement les personnes pour « gratter » quel-

« J'enfonce la porte de la chambre de bonne où la petite Laure, 4 ans, était séquestrée. Elle me saute au cou, me cramponne. "Ne me lâche pas", répète-t-elle »

ques valeurs, puisque les biens sont mieux protégés. Les prises d'otages et les rapts, comme nous les avons combattus, ne sont plus à la mode : le milieu a compris qu'il avait trop à perdre à persister dans cette voie. Toutes les affaires d'enlèvement d'enfants que j'ai connues, par exemple, se sont soldées par un échec pour les kidnappeurs, sans dommage corporel pour leurs petites victimes.

Un souvenir en particulier ?
Je me souviens de la petite Laure, 4 ans, enlevée devant son école, avec demande de rançon. Quelques heures après, on arrête, avec la BRI, les auteurs, on récupère la gamine. Cela se passait dans le 8e arrondissement, près de la place de l'Étoile. Je revois la scène : j'enfonce la porte de la chambre de bonne où l'enfant était séquestrée. Elle me saute au cou, me cramponne. « *Ne me lâche pas* », répète-t-elle. Une quinzaine d'années plus tard, j'ai revu la petite. Ayant appris que je déjeunais souvent dans un café de la rue des Saussaies, près de la place Beauvau, elle était venue me saluer avec son frère, pour me dire merci, en me montrant un cliché publié par *Paris Match*, à l'époque, où je la tenais dans mes bras. J'étais ému. Laure était devenue une jolie jeune femme.

Vous qui avez été préfet, directeur central des polices urbaines, puis directeur central de la police aux frontières et du contrôle de l'immigration, quel regard portez-vous sur la délinquance de masse qui semble le défi d'aujourd'hui ?
D'une façon générale, la délinquance a basculé de l'attaque contre les biens à celle visant les personnes, avec des moments de violence totalement irréfléchis quant aux conséquences. Je pense que l'explosion des trafics et de l'usage des stupéfiants a tout chamboulé. C'est une révolution sociétale qui s'illustre jusque dans les villages reculés désormais. L'économie souterraine est vraiment devenue une réalité tentaculaire. Un système de type quasi mafieux s'est mis en place. Très souvent, les municipalités s'interrogent sur les mesures à prendre, sur leurs conséquences notamment pour la sécurité des riverains ; lesquels redoutent les représailles et ferment les yeux, par crainte. Il est arrivé que les mairies demandent à la police de ne rien faire, afin d'éviter un embrasement général. Assez de défaitisme ! Le combat contre la drogue et ses effets exige du courage et de la constance. Un État qui dépénaliserait serait un État qui se déroberait face aux difficultés. Laisser les caïds les plus durs devenir de quasi-légendes dans leurs quartiers serait prendre un risque énorme.

Le Quai des Orfèvres que vous avez connu n'est plus et la PJ-PP a migré rue du Bastion. Que faut-il ne pas perdre de vue, selon vous, pour que l'aventure du « 36 » demeure exaltante ?
Difficile d'oublier le « 36 » que nous avons connu ! Ces locaux incarnaient une histoire qui se confondait avec celle du pays. Les voyous eux-mêmes, je veux dire les vrais, préféraient finir à cette adresse, plutôt que de s'échouer dans un commissariat. Question de prestige ! Même si l'architecture qui les accueille n'a plus tout à fait la même âme, je suis certain que nos cadets sauront donner du lustre à la Rue du Bastion. Ils doivent continuer à cultiver les liens de fraternité qui cimentent le groupe. Le policier solitaire n'existe pas. La PJ demeure un art collectif autant qu'une famille. ■

En pointe dans la lutte contre le crime organisé, la PJ-PP a célébré son centenaire en 2013. Plongée dans la légende et le quotidien de ces policiers qui revendiquent encore le droit d'exercer un métier de « seigneurs ».

Les héritiers de Maigret forment une noblesse d'État

*Par Christophe Cornevin**

Quartier Convention, dans le 15e arrondissement de Paris. Dans le petit matin blême, deux voitures sombres calent le frein à main au pied d'un immeuble aux murs jaune nicotine. À bord, Patrick, « Bernie », Sandra et Amine, officiers chevronnés du groupe de répression du banditisme (GRB), rajustent leur gilet pare-balles et leur holster. À pas feutrés, ils grimpent les six étages menant à un couloir glauque. La main sur la crosse, ils frappent à une porte en criant « *Ouvrez, ouvrez, c'est la police !* » L'occupant des lieux, un athlétique trentenaire au crâne rasé, s'exécute. Nerveux, un peu tremblant, connu pour vols à main armée et trafic de drogue, il est menotté et placé en garde à vue sur-le-champ. Ses téléphones et papiers d'identité sont confisqués. « *Que voulez-vous, j'ai rien fait* », répète à l'envi le voyou. « *On t'expliquera au service,* lâche Patrick avec un calme souverain. *Si tu es correct, tout se passera bien...* »

Puis il est embarqué au siège du 3e district de police judiciaire (DPJ), l'antenne territoriale qui couvre toute la rive gauche de la capitale. Braqueur au casier sombre comme la météo, il est soupçonné d'être en lien avec le redoutable gang dit des « batteurs de fonds » impliqué dans une douzaine d'attaques de convoyeurs frappés aux jambes à coups de batte de base-ball. Il est confondu par d'accablants coups de fil donnés à l'un de ses complices placé sur écoute. « *Il faut que tu t'allonges* », lui conseille un officier. Dont acte. Le braqueur se prend la tête entre les mains. Baisse la garde. Et passe aux aveux en lançant, mauvais perdant : « *Vous faites un bien joli métier.* » Les policiers opinent. Ils assument et revendiquent le combat discret et opiniâtre qu'ils mènent chaque jour contre la délinquance. Sans gloriole et avec une pointe de fierté.

Fierté d'appartenir à la police judiciaire de la préfecture de police de Paris (PJ-PP), qui célébrait en 2013 son fastueux centenaire. Fierté de s'inscrire dans la grande lignée du 36, Quai des Orfèvres, dont l'acte de baptême remonte à la bande à Jules Bonnot, précurseur du crime mécanisé, qui obligea la PJ à se doter de voitures. À se professionnaliser, notamment en perfectionnant les techniques de l'identité judiciaire, chère au fantasque Alphonse Bertillon, commis aux écritures et père de l'anthropologie criminelle. Sa méthode permet de confondre 250 récidivistes en deux ans. Les premières scènes de crime sont fixées sur des plaques de verre, et des croquis planimétriques sont esquissés. Les voyous parisiens, les « apaches », tombent comme des mouches. Le « 36 », comme l'appellent les policiers dans leur jargon, marque ses premiers points.

Derrière l'épaisse façade du bâtiment, classé à l'Inventaire des monuments historiques, sous les combles où résonne encore la longue mélopée des milliers d'aveux susurrés au terme d'une nuit de garde à vue, les « seigneurs » de la PJ parisienne ont marqué l'histoire d'une empreinte indélébile. La volée de marches en colimaçon du vieil escalier a vu défiler des cohortes de psychopathes et de figures d'épouvante, allant du Dr Petiot, qui revendiquera l'assassinat de 63 Juifs tentant d'échapper à la déportation, à Pierre Loutrel, alias Pierrot le Fou, et son acolyte Abel Danos, dit « le Mammouth », en passant par le tueur en série Guy Georges, pour qui les policiers formèrent une « haie d'horreur » le jour de son interpellation.

Lors de la prise d'otages de l'ambassade d'Irak, l'inspecteur divisionnaire Jacques Capela est tué par un garde. Jour sombre de 1978

La chronique de « Paris sur crime » s'écrit en lettres de sang et les forçats de la PJ n'ont jamais baissé la garde. Ni pendant la période des règlements de comptes décimant le clan des Zemour, lors des enlèvements de personnalités, comme le baron Édouard-Jean Empain, ni pendant la prise d'otages de l'ambassade d'Irak où, en une sombre journée de juillet 1978, l'inspecteur divisionnaire Jacques Capela est tué par un garde. Secouée lors des vagues d'attentats orchestrés par Action directe ou par des islamistes exportant le djihad dans le métro parisien en 1995, la section antiterroriste (SAT) de la brigade criminelle ▸▸

» n'aura jamais failli. Depuis lors, l'image sépia d'une police en godillots et feutres mous, dotée du sifflet à roulette et des pétoires à barillet, a cédé le pas à une organisation huilée et infatigable. Véritable machine de guerre longtemps plantée sur l'île de la Cité et aujourd'hui redéployée dans le quartier des Batignolles, la PJ parisienne lutte contre le spectre du crime sur un territoire de 761 kilomètres carrés abritant plus de 6,5 millions d'habitants.

À chaque reprise, les procédures sont taillées au cordeau et les frappes, précises et chirurgicales. Avec le souci constant du travail bien fait, la marque de fabrique de cette direction où les fonctionnaires sont triés sur le volet. « *En vingt ans de carrière, commencée en général en commissariat, j'ai appris à connaître le wolof, des rudiments de chinois et d'arabe en un temps record, confie un vieux commandant blanchi sous le harnais. J'ai participé à la capture de types dont tu pries que ta fille ne croise jamais la route, j'ai rencontré des ministres le matin et des clochards le soir même, au gré des affaires. Cela, aucun autre métier ne peut le fournir.* » Affirmant « *avoir choisi la PJ pour l'aura de la PJ* », un jeune gradé avoue enchaîner les astreintes pour un salaire net de 1 900 euros par mois. 1 900 étant aussi le nombre d'heures de récupération qu'il est en droit de prendre. Pour des recrues de plus en plus diplômées, des forts en thème sortis parfois de Sciences Po, le tableau peut être dissuasif. Il n'en est rien. Car la magie de Maigret - trompeuse en un temps où toutes les enquêtes se font en équipe - opère toujours.

À chaque reprise, les procédures sont taillées au cordeau et les frappes, précises et chirurgicales. Avec le souci constant du travail bien fait

UN DÉCOR IDÉAL DE JOUVET À SIMENON

À l'heure où l'institution prend ses marques dans le quartier des Batignolles, les policiers cultivent déjà une pincée de nostalgie. Dans ses Mémoires, le commissaire Robert Broussard la résume ainsi : « *Le "36" ! Ses bureaux sous les toits, ses odeurs de tabac froid, ses murs sans âge, ses paliers, ses entresols, ses planchers qui craquent, ses linos usés. Quel policier n'a pas rêvé d'y débarquer au petit matin, avec un truand "serré en flag" ou un assassin cueilli au saut du lit, puis d'aller boire un crème à la brasserie voisine, Le Soleil d'Or ? Le 36 ! Temple de la PJ parisienne depuis 1891, décor idéal de Jouvet à Simenon... Quel ancien n'éprouve pas, pour ce lieu, une affection nostalgique ? Comme un sportif adore son stade, un toubib son hôpital, un acteur son théâtre, nous, c'est le Quai des Orfèvres.* » En quelque sorte, une « maison de famille » qui façonne à jamais une carrière de fonctionnaire. Et une vie de flic. ■

**Article paru dans* Le Figaro Magazine, *le 25 mai 2013.*

Maurice Gouny
L'instinct de flic

Entré comme simple gardien de la paix et devenu inspecteur divisionnaire, il a traqué les voyous en taxi, en Panhard et en Traction. Portrait.

*Par Christophe Cornevin**

MAURICE GOUNY. SA VIE ENTIÈRE FUT UN ROMAN.

Il est des hommes dont la mort constituera la seule péripétie de leur existence. Et puis il y a les autres. Ces personnages aventureux dont les parcours ont inspiré les romans les plus palpitants. Héros ou, plus simplement, miroirs d'une époque, ils ont traversé leur siècle en déjouant les modes et forgeant les caractères les plus trempés. Maurice Gouny est de ceux-là. Son univers s'est moulé dans celui du Paname des années 1950, des « flinguages » sur les hauteurs de la butte Montmartre, des courses-poursuites en Traction avec des « apaches » de banlieue. Fils d'un peintre décorateur de la Comédie-Française, ce « grand flic » a vécu mille péripéties avant de devenir la mémoire vivante du Quai des Orfèvres. Sa vie est aussi épaisse qu'un casier de multirécidiviste. Droite comme un rapport de police taillé au cordeau.

Brevet élémentaire en poche, ce Vincennois de souche échoue dans une succursale bancaire avant de s'engager comme volontaire dans la Marine nationale. « *Déjà à l'époque je n'aimais pas la mentalité de ces sédentaires qui voient la vie de leurs petites fenêtres,* reconnaît le vieil homme. *J'avais besoin d'action. Pendant deux ans, la Royale m'en a donné pour mon argent.* » Embarqué comme matelot fourrier dans un aviso des forces d'Extrême-Orient en compagnie d'une centaine de matelots, ce jeune homme intrépide croise au large de tous les ports allant de Hongkong à la Corée. Sur les rives du Yangzi Jiang, il connaît pour la première fois l'épreuve du feu contre les révolutionnaires de Mao. La rencontre d'une femme, qui deviendra la sienne, brise son destin exotique et le ramène dans la capitale. Débute alors une nouvelle histoire, couleur sépia et à l'odeur de poudre.

Le 20 décembre 1934, Maurice Gouny entre dans la police comme simple gardien de la paix avant de rejoindre, trois ans plus tard, la brigade volante, une unité spécialisée dans la répression du grand banditisme. « *C'est là que j'ai tout appris du métier,* se rappelle Maurice Gouny. *Avec mon coéquipier, on arpentait les rues des quartiers chauds de la capitale, le pistolet à la ceinture. Pour ne pas essuyer de remontrances de notre principal, qui nous reprochait d'être mal habillés, on enfilait des complets-veston et des chapeaux en feutre couleur lilas.* » ⏩

C'était l'époque où les voyous écumaient Montmartre, Pigalle et la place de Clichy. Un fantastique terrain de chasse : « *On y trouvait déjà de l'héroïne et de la cocaïne à foison. Dans les deux camps, la parole d'homme était respectée. Les vrais voyous sortaient moins souvent leur arme qu'aujourd'hui. Peut-être avaient-ils les nerfs plus solides.* » Cela n'empêchait pas les hommes de la « Volante » de signer de belles affaires, avec les moyens du bord.

La PJ en effet était encore dépourvue de liaisons radio et de voitures de service. Alors, quand Gouny et ses collègues mettaient la main sur de gros malfrats, ils attendaient de pouvoir héler un taxi pour le ramener au commissariat. « *Mais on se faisait rembourser systématiquement la course,* s'empresse d'ajouter notre vieux briscard. *On finissait notre service vers deux heures du matin et il ne me restait plus qu'à rentrer à la maison. Je redescendais à pied en direction de la place de la République pour prendre le premier bus en direction de Fontenay-sous-Bois où, là, je m'endormais vers 5 heures…* »

Les chasses nocturnes et les séries de « flags » vont s'enchaîner jusqu'à la Seconde Guerre, période que Maurice Gouny passera en Tunisie sans livrer plus de détails. Par pudeur. Au lendemain de la Libération, notre homme ne s'est pas défait de son « *instinct de flic* », comme il aime à le répéter. Son opiniâtreté le propulse dans les rangs de la brigade spéciale criminelle, rebaptisée brigade criminelle pour qu'on ne puisse jamais confondre ce service avec l'ancienne brigade spéciale des renseignements généraux, tristement célèbre pour ses rafles de « terroristes communistes » sous l'Occupation.

« *De tout temps la puissance de la brigade s'est principalement fondée sur l'esprit d'équipe qui régnait entre les chefs de groupe et leurs adjoints,* souligne l'ancien divisionnaire Gouny. *Aujourd'hui, je ne peux m'empêcher de sourire quand je revois Maigret et ses enquêtes en solitaire. Simenon avait vraiment une vision idéaliste de la police.* » Chargés des meurtres mais aussi des affaires dites « *recommandées* » dont était victime l'administration, les limiers de la Crim' filaient sur les « coups » à bord de puissantes Tractions noires, conduites par une escouade de chauffeurs de la Préfecture de police. « *Au départ, on avait des Panhard, mais on ne trouvait jamais la marche arrière,* confesse le grognard du Quai des Orfèvres. *Sans gyrophare ni deux tons, rien ne nous distinguait des proies que l'on pourchassait à travers Paris. On risquait notre peau à chaque carrefour.* »

Les voyous écumaient Montmartre, Pigalle et la place de Clichy. « On y trouvait déjà de l'héroïne et de la cocaïne à foison. Dans les deux camps, la parole d'homme était respectée »

Le verbe est précis, l'œil devient tour à tour paternaliste et sévère et la mémoire demeure nostalgique. Maurice Gouny se souvient encore du temps des « seigneurs ». Celui des braqueurs, des faux-monnayeurs et des durs à cuire du genre Dédé la Boulange. Celui où les faits-diversiers parisiens élisaient domicile au « 36 » pour traiter à chaud le scoop susceptible de faire la manchette des éditions du soir. « *Pour rentrer dans certaines soirées privées ou sur les scènes de crime, on n'avait qu'à retourner le revers de notre veste, rigole encore l'alerte retraité. On y avait épinglé une épaisse médaille estampillée "Police" qui foutait la trouille aux petits voyous.* »

L'absence de police scientifique obligeait la Crim' à travailler sans relâche sans jamais savoir si les suspects ramassés dans la nuit seraient un jour confondus. « *Les empreintes et les écoutes téléphoniques étaient les seules techniques sur lesquelles on pouvait compter,* note Maurice Gouny. *Les rapports étaient rédigés à la plume. On passait des journées*

AU PREMIER RANG, L'INSPECTEUR MAURICE GOUNY (TOUT À GAUCHE) ET GEORGES CLOT (AU CENTRE, MAIN DANS LA POCHE), CHEF DE LA CRIM' DE 1955 À 1962.

entières à noircir deux ou trois cents pages pour boucler la procédure d'une seule affaire. C'était une profession que l'on fait à fond ou que l'on arrête. En trente ans de carrière, je ne compte plus le nombre de collègues qui ont craqué parce que leur femme n'acceptait pas les servitudes du métier. »

Après un tour à la brigade des agressions et violences (BAV) au début de la guerre d'Algérie en 1954 - « *Les règlements de compte faisaient rage entre les partisans du FLN et ceux du MNA. J'ai vu plus de macchabées en huit mois que durant le reste de ma carrière. Dans les cafés arabes, on balayait le sang avant de retrouver les douilles* » -, l'inspecteur Gouny a quitté la brigade criminelle en pleine affaire OAS. Récompensé en 1962 par un ruban rouge à la boutonnière, le flic, qui se compare volontiers à un « *homme qui chasse, sans jamais en avoir voulu à son gibier* », prend sa retraite. Sans décrocher.

À l'âge de 65 ans, il travaillait encore comme détective privé pour le compte d'une société d'assurances. Lui, qui a toujours abhorré les « *gens qui confondent les caisses de la société avec leur propre argent de poche* », essuie aujourd'hui ses fonds de pantalons en tweed sur les bancs de la Sorbonne. Entre deux cours d'histoire d'Iran ou des Balkans, l'ancien policier retourne au « 36 » : « *Quand je vois les gars de la brigade travailler, j'ai encore l'impression d'être parmi eux.* »

Ce divisionnaire de la Crim' le savait déjà : il goûterait vraiment sa retraite au royaume des morts. Il est décédé à l'âge de 99 ans, coiffé au poteau par son collègue et ami de toujours, Raymond Boithias, actuel doyen de la Crim', à 101 ans. ■

**Article paru dans* Le Figaro *le 25 août 1999.*

Du quai des Orfèvres à la rue du Bastion

Les limiers de la PJ parisienne perpétuent une histoire qui s'écrit en lettres de sang. L'actuel patron de la Crim', le commissaire général Michel Faury, nous a ouvert sa porte.

*Par Christophe Cornevin**

« *Qu'importe le profil des victimes, qu'elles soient aristocrates ou SDF, retrouvées dans le caniveau ou dans la plus bourgeoise des demeures, seuls comptent les faits. Nous devons à tous les morts le même investissement…* » Tel était le credo du respecté commandant de la brigade criminelle qui nous a reçus, le jour de notre visite dans les entrailles du nouveau siège de la PJ parisienne, du côté des Batignolles. Assis derrière son bureau couvert de procédures, sur lesquelles trônait une statuette de bouledogue, entre une loupe et un poignard, cet officier madré pilotait aux côtés d'une jeune et brillante commissaire, la section de « droit commun » de la Crim'. En clair : l'un des fleurons de la police française.

Comme tant d'autres services du regretté 36, quai des Orfèvres, de l'île de la Cité, cette brigade mythique a rejoint en 2017 le site du Bastion, nouveau QG de la PJ parisienne, dans le 17e arrondissement. Là, au sixième étage d'un bâtiment ultra-sécurisé, des limiers perpétuent une histoire qui s'écrit en lettres de sang. L'édifice est situé dans une rue éponyme qui ne compte qu'un numéro, le 36, comme un chiffre porte-bonheur.

En 2018, les six groupes de « droit commun » de la Crim' ont eu à traiter jusqu'à 25 dossiers, dont 21 en flagrant délit. « *Nous agissons dans le haut du spectre sur les crimes plus compliqués à élucider, ceux sur lesquels il n'y a pas d'éléments, ainsi que sur des affaires internationales ou très sensibles médiatiquement,* détaillait le commissaire général Michel Faury, patron de la brigade criminelle, qui a conservé le mythique bureau de Maigret *(il est toujours le chef de cette brigade en 2021 et ce qu'il dévoile ici n'a pas pris une ride, NDLR). Nous devons offrir la synthèse de ce qui se fait de mieux sur tous les fondamentaux de l'enquête, en travaillant très en profondeur le voisinage, les constatations millimétrées ou les auditions pour lesquelles nous disposons de véritables "accoucheurs" afin de mettre en confiance un témoin et recueillir ses aveux.* » Le délai de prescription pour un crime est de vingt ans. Outre le temps, allié précieux qui permet de « *ronger l'os jusqu'à la moelle* », la Crim' fonde son savoir-faire sur une organisation « *hiérarchisée et très pyramidale* ». « *Chaque procès-verbal, rédigé avec le plus grand soin, est relu et amendé par le procédurier d'abord puis par le chef de groupe, par le chef de section, le chef adjoint et enfin par le chef de service, pour limiter au maximum le risque d'erreurs sur une affaire,* raconte Michel Faury. *Ici, on ne peut se permettre de se tromper car nous travaillons sur les dossiers les plus graves et sous le contrôle de magistrats logiquement très exigeants.* »

LA TECHNIQUE DU ROULEAU COMPRESSEUR

Revendiquant une « *perpétuelle remise en cause* », la brigade expérimente sans cesse des méthodes pour gagner en réactivité face à une nouvelle génération de suspects roués aux messageries cryptées. « *Forts de l'expérience acquise face au terrorisme, nous avons bouleversé nos méthodes,* décrypte Michel Faury. *Comme lors d'un attentat, c'est désormais l'ensemble des 110 policiers de la brigade qui peut se mobiliser sur une affaire de droit commun.* » Ce fut le cas en juillet 2018, après le kidnapping d'une femme à son domicile de Chevilly-Larue (Val-de-Marne), séquestrée à Villejuif pendant près d'une semaine par un commando structuré. Signe particulier : la victime est la fille d'une ex-figure du gang de la banlieue sud. Sous forte pression, les voyous laissent échapper leur proie avant de tomber dans les filets policiers, avec l'appui de la brigade de recherche et d'intervention (BRI). Pour l'occasion, ceux que les thuriféraires nomment les « seigneurs de la PJ » avaient « armé » la salle de crise, située juste à côté du bureau du « patron », où un mur d'écrans renvoie des images de vidéosurveillance. « *Dans ce genre d'affaire, chaque seconde compte,* lance le commissaire Faury. *Les groupes d'enquête s'organisent en ateliers de travail dévolus chacun à une tâche, que ce soit la gestion de la scène de crime, les pistes à explorer, le voisinage et les témoins ou encore l'exploitation de la téléphonie. Un point est réalisé toutes les deux heures pour faire circuler l'information, éviter l'effet tunnel et dégager des choix tactiques validés par les autorités administratives et judiciaires.* » Jamais la figure du « rouleau compresseur » accolée à la brigade n'a autant pris son sens. L'image de Jules Maigret élucidant une affaire en solitaire est aux oubliettes. De leur passé, les policiers de la Crim' ont conservé des traditions qui ont marqué la PJ d'une empreinte indélébile. Il y a le port de la cravate qui tranche avec l'allure jean et baskets de leurs collègues, le banquet annuel des « anciens » ou la tournée des cimetières, en novembre, pour fleurir la tombe de ceux qui ne sont plus. Dans les couloirs du Bastion, des photographies en noir et blanc de l'ex-Quai des Orfèvres témoignent d'une légère nostalgie.

« *Entre 2014 et 2017, les groupes de "droit commun" venaient en appui sur les dossiers terroristes,* raconte Michel Faury. *Depuis l'été 2018 et la dernière attaque recensée dans le quartier de l'Opéra, la tendance s'est inversée : les filières djihadistes se sont taries et il n'y a quasiment plus de transit avec les zones de combat. Tout en conservant sa capacité à réagir à tout moment face à un attentat de grande ampleur, la section antiterroriste peut donc à son* »

» *tour venir en renfort. La brigade criminelle est un seul et même service, avec la polyvalence comme code génétique.* » Cette culture dite « de la convergence » tombe à point, alors que les règlements de comptes connaissent une flambée. « *Perpétrés par des tueurs professionnels qui prennent toutes les précautions et visent des victimes dont ni les proches ni la famille ne souhaitent coopérer, ces crimes sont les plus difficiles à résoudre* », concède-t-on à la brigade.

Soucieuse de tutoyer l'excellence, la Crim' soigne le recrutement. « *Avec sept candidats pour un poste, le tri est sélectif* », se félicite le chef adjoint du service, qui énumère parmi les critères « *le goût du travail, l'état d'esprit et un "savoir être" irréprochables, une psychologie très équilibrée, l'attrait pour le numérique mais aussi pour le terrain* ». Expérimentés dans l'investigation judiciaire, les impétrants passent tous un stage préalable de quinze jours avant d'accéder - ou pas - à ce qui fut longtemps l'aboutissement d'une carrière pour des générations de policiers. « *La brigade criminelle est à mes yeux un graal, c'est toute ma vie*, confie un charismatique chef de groupe qui affiche trente ans de maison, dont vingt-cinq à la brigade. *Je suis devenu policier pour élucider des homicides et, surtout, faire en sorte que les familles et les proches des victimes puissent faire leur deuil.* » « *Aujourd'hui, notre pari est de fidéliser des effectifs confrontés à un coût de la vie élevé et à qui la province fait les yeux doux*, observe le commissaire Faury. *Beaucoup partent au bout de quatre ou cinq ans et les savoir-faire doivent être transmis très vite afin de faire face au turnover.* » Pour retenir les troupes, la brigade peut compter sur la qualité de ses saisines. Certaines sont très médiatiques : les soupçons de viols visant l'islamologue Tariq Ramadan, les tentatives d'homicides volontaires contre des agents de la force publique lors de la manifestation des « gilets jaunes » le 1er décembre 2019, à Paris. D'autres revêtent un contour international, comme l'interpellation en Allemagne d'un Égyptien en cavale après le meurtre d'une transsexuelle péruvienne sur la route du Pré Catelan, à Paris.

L'emblème de la Criminelle : un chardon surmonté de la maxime « Qui s'y frotte, s'y pique »

Les investigations durent parfois des décennies, comme en témoigne l'unité d'analyse criminelle et des affaires classées (UAC2), qui planche sur trois « cold cases ». Le plus emblématique met en scène le Grêlé, un tueur en série impliqué dans au moins trois meurtres, dont celui d'une fillette de 11 ans en 1986 dans le 19e arrondissement à Paris, deux viols et une quinzaine d'autres affaires sexuelles jusqu'en 1994. Pour chaque dossier, de précieux scellés sont exhumés et revisités à la lumière des progrès considérables de la police scientifique pour trouver enfin « la » faille. « *Notre cahier des charges est clair : là où l'auteur a fait la moindre erreur, il nous faut la trouver* », avertit Michel Faury, qui salue « *le travail crucial du service régional de l'identité judiciaire (SRIJ), au cœur de tous les dossiers* ». À la Crim', un dossier n'est jamais refermé. Quitte à faire « parler » des poussières de scellés pour débusquer l'incarnation du mal. Son emblème, un chardon surmonté de la maxime *Qui s'y frotte, s'y pique*, en est la promesse. ■

**Article paru dans* Le Figaro *le 11 février 2019.*

En déménageant dans ses nouveaux locaux du quartier des Batignolles, la PJ parisienne vit ce qu'a connu avant elle la police londonienne du New Scotland Yard.

Dans les coulisses du nouveau temple de la police d'investigation

*Par Christophe Cornevin**

Le vaisseau du nouveau « 36 » a la forme d'un 8, vu du ciel. Il accueille à son bord le gratin de la PJ parisienne, les limiers de la brigade criminelle, les flics de choc de l'Antigang, de la répression du banditisme, les enquêteurs de la brigade de protection des mineurs, des affaires économiques et financières ou encore de l'Identité judiciaire, sans oublier la brigade de répression du proxénétisme. Jusqu'ici disséminés en une quinzaine de lieux, ces fonctionnaires d'autorité ont convergé pour la première fois vers un seul et unique site, implanté donc rue du Bastion, dans le 17e arrondissement. Là, entre le périphérique intérieur et le boulevard Berthier, sur une ancienne emprise ferroviaire de plus de 5 000 m², ils ont investi petit à petit leur nouveau quartier général, taillé sur mesure, dans un immeuble moderne et ultrasécurisé.

Défendue par de hautes grilles et adossée au nouveau tribunal de grande instance de Paris, avec lequel elle communique grâce à un long tunnel, la façade ondoyante du Bastion est enveloppée, telle une seconde peau, d'un enchevêtrement de panneaux de verre émaillé. Leurs nuances de gris, bleu et crème sont inspirées d'une peinture impressionniste de Sisley intitulée *Vue du canal Saint-Martin*. À l'épreuve des balles et des déflagrations sur plusieurs étages, les fenêtres fumées sont enchâssées dans un agencement en trompe-l'œil qui interdit à quiconque de déceler ce qui se passe à l'intérieur.

S'élevant sur dix étages et disposant de quatre niveaux de sous-sols dotés d'un stand de tir et de 460 places de ➤

» parking pour les voitures de service, le bâtiment a les allures d'un Fort Knox à la française. « *Des informations précises nous laissent penser que la PJ parisienne a déjà été désignée comme la cible d'une potentielle attaque terroriste* », soufflait, lors de ce grand déménagement, un fonctionnaire de haut rang. En novembre 2017, la DGSI avait, il est vrai, démantelé à Strasbourg et Marseille une présumée cellule djihadiste dont les membres avaient déjà fait des repérages virtuels, via Google Maps.

Ceux qui ont dû quitter cette adresse mythique ont quand même un pincement au cœur en évoquant son emplacement sur l'île de la Cité, sa volée de 148 marches en bois recouvertes d'un vieux linoléum...

Truffée de caméras, la citadelle du Bastion est donc segmentée en périmètres distincts, de plus en plus cadenassés à mesure que l'on progresse vers son centre névralgique. Après avoir été signalés au poste de contrôle situé au fond d'un vaste hall à colonnades, les victimes, avocats, médecins ou encore traducteurs empruntent, sous escorte permanente, des ascenseurs pour monter dans les étages. Grâce à des badges personnalisés et par reconnaissance biométrique, les enquêteurs peuvent, de leur côté, franchir des volées de sas blindés qui mènent, selon les besoins du service, vers les « points d'intérêt vitaux » que forment la direction, l'état-major, la salle de crise, le local des scellés ou encore l'armurerie. Le cabinet d'architectes Valode & Pistre - aussi à l'origine de l'arène modulable du stade Pierre-Mauroy à Lille, de la plus grande tour de Lyon ou du centre Beaugrenelle à Paris - a dessiné des bureaux lumineux qui tranchent avec les sombres dédales du Quai des Orfèvres. À chaque niveau, des salles de réunion dotées de vidéoconférence, des salles de crise ou encore des « espaces de convivialité » où les policiers peuvent se retrouver pour parler des affaires, répondent aux canons d'une grande police moderne.

Un sens de circulation calibré au millimètre a été par ailleurs mis en place pour que les gardés à vue n'accèdent plus aux bureaux des enquêteurs, où ils pouvaient jusqu'ici croiser victimes ou témoins, les intimider parfois et capter des informations sensibles. Arrivant par les sous-sols, les suspects seront emmenés par des ascenseurs dédiés vers les 4e et 5e étages, où, dans un couloir bouclé par

SON SAVOIR-FAIRE S'EXPORTE À L'INTERNATIONAL

La PJ de Paris a souvent été appelée à l'étranger. Ainsi, le 21 juin 1999, un des hommes de l'Identité judiciaire a été envoyé dans les Balkans afin de participer à une mission d'expertise sur les éventuels charniers dans la région de Mitrovica (Kosovo).
Pendant un mois, il a effectué un travail jugé « *particulièrement dur* » d'exhumation et de photographies de cadavres tués par balle. À son retour en France, il a été pris en charge par une équipe de psychologues au centre de police d'Écully.
Comme ce fut le cas pour les policiers parisiens envoyés sur l'explosion du DC 10 d'UTA en septembre 1989 dans le désert du Ténéré, ou encore pour la catastrophe du camping de Los Alfaques en Espagne, en juillet 1978.

des sas, sont installées une enfilade de cellules blanches individuelles et collectives vidéosurveillées. Deux autres geôles, sans caméras mais situées à portée de regard d'agents, sont réservées aux mineurs. Une série de locaux d'audition dotés d'un bouton d'alerte en cas de problème, trois pièces dévolues aux entretiens avec les avocats et quatre petites salles consacrées aux visioconférences avec les magistrats, notamment pour les prolongations de garde à vue, complètent ce périmètre sensible.

Hors norme à plus d'un titre, le programme immobilier du Bastion a été élaboré dès 2008 sachant que les premiers coups de pioche remontent à 2014. Écologique, l'ouvrage intègre au niveau de la toiture un espace végétalisé, une nappe de 600 m² de panneaux voltaïques ainsi qu'un système de récupération des eaux pluviales pour laver voitures, motos et fourgons.

Certes, les « seigneurs » de la PJ ont éprouvé une pointe d'amertume de quitter leur légendaire 36, Quai des Orfèvres et son épaisse façade post-haussmannienne noircie par les décennies. Ils ont un pincement au cœur en évoquant son emplacement sur l'île de la Cité, sa volée de 148 marches en bois recouvertes d'un vieux linoléum où la fine fleur de la PJ a croisé une kyrielle de monstres glaçants, ou encore ses toits offrant une vue époustouflante sur Paris.

Mais les conditions n'étaient plus viables. « *Trop vétuste* », « *plus du tout aux normes* », reconnaît un responsable, racontant « *le froid en hiver et les 40 degrés en été dans les locaux exigus de la brigade criminelle* » ou les « *risques d'affaissement de la cour intérieure, où il n'était plus question de garer de voiture* »...

UN VAISSEAU DE GUERRE POUR COMBATTRE LE CRIME

Le nouveau QG se veut à la hauteur des résultats de la PJ parisienne

- Surface des bureaux et plateaux techniques : **32 000 m²**
- Vidéoprotection du site : **346 caméras**
- Coût du programme en euros : **145 millions**
- Activité en 2016 : **9 666 crimes** et délits traités
- Résultats des enquêtes en 2016 : **7 222** personnes mises en cause.

Rue du Bastion, l'antre de la PJ parisienne est sis au numéro 36, comme symbole de continuité. Toutes les sections et groupes d'enquête sont aujourd'hui à pied d'œuvre au « New 36 », comme l'ont fait jadis leurs homologues londoniens du New Scotland Yard, pour continuer à démêler les affaires les plus complexes, interpeller les pires prédateurs et recueillir le chuchotement de leurs aveux au petit matin. Attachés à l'esprit d'excellence qui a été la marque de fabrique du Quai des Orfèvres, les hommes du Bastion, toujours dans les pas de leurs prédécesseurs, perpétuent l'histoire de leur indélébile empreinte. Maigret écrit un nouveau chapitre. ■

S'élevant sur dix étages et disposant de quatre niveaux de sous-sols dotés d'un stand de tir et de 460 places de parking pour les voitures de service, le bâtiment a les allures d'un Fort Knox à la française

**Article paru dans* Le Figaro *le 2 juin 2017.*

L'ESCALIER DE LA PJ DU QUAI DES ORFÈVRES ET SES 148 MARCHES RECOUVERTES D'UN VIEUX LINO.

À quoi ressemblait l'ancien « 36 »

Petite visite nostalgique du Quai des Orfèvres au temps de sa splendeur...

*Par Christophe Cornevin**

Le 36, quai des Orfèvres, ancienne adresse de la PJ parisienne, était l'antre des intrigues de Simenon et le titre d'un des plus grands classiques du cinéma, remarquablement servi par Louis Jouvet. Un prix littéraire très réputé lui a aussi emprunté son nom. Depuis la guerre, l'aspect du bâtiment n'avait pas changé. Les antiques Tractions réservées aux patrons d'antan avaient été remplacées dans la cour intérieure par une batterie de puissantes motos et une poignée de berlines grises. Les larges escaliers en bois qui menaient à la Crim' ont grincé de la même manière pendant des lustres. Le linoléum gris qui recouvrait les couloirs n'avait été changé qu'une fois depuis la Seconde Guerre.

L'immeuble, qui a vu défiler les anarchistes du début du siècle, les grandes figures du braquage dans les années 1970 et les malfrats les plus redoutables, était devenu une fourmilière d'hommes en civil. Il accueillait, outre la brigade criminelle, les hommes de l'Antigang, du service des stupéfiants et de l'état-major de la PJ parisienne. Au total, cette véritable place forte comptait près de 400 officiers de police judiciaire.

Mais ces locaux étaient vétustes et l'esprit administratif y faisait rage. « *Un exemple, le lavage extérieur des vitres était le fait des employés du Palais de justice, alors que l'intérieur était assuré par des gars de chez nous* », se souvient avec goguenardise un commissaire. Par ailleurs, l'administration n'a jamais voulu équiper le bâtiment d'un ascenseur, sous prétexte qu'il était classé historique. Seul l'Antigang disposait d'un discret monte-charge pour transporter son arsenal jusqu'à ses locaux protégés par une porte blindée.

Au quatrième étage, non loin des portes de la section antiterroriste, un filet à l'intérieur avait été tendu à la suite d'une tentative de suicide de Nathalie Ménigon, activiste du groupe Action directe. Dernière note pittoresque : l'omniprésence des sœurs de la communauté de Marie-Joseph, qui officiaient discrètement dans la garde des prisonnières retenues au dépôt. ■

Figure tutélaire de la lutte contre le crime avant de devenir préfet, cet ancien chef de l'Antigang puis de la brigade criminelle et de la « police des polices » s'est éteint en 2017. Il était considéré comme un visionnaire.

Marcel Leclerc
L'un des derniers « seigneurs » de la police

*Par Christophe Cornevin**

Dans le panthéon de la police, il était l'un des derniers « seigneurs ». Sa trajectoire émaillée d'aventures et de hauts faits d'armes a marqué d'une empreinte indélébile l'histoire de la lutte contre le grand banditisme. Marcel Leclerc est décédé dans la nuit du jeudi 9 au jeudi 10 août 2017, à l'âge de 83 ans, au terme d'un long combat contre une maladie qui, seule, a eu raison de sa nature tenace. Originaire d'une région de marais qu'il aimait tant, au bord de la Vilaine, près de Redon, ce grand flic s'est vite distingué par sa lutte menée sans relâche contre la pègre parisienne des années 1970 et 1980.

Patron de l'Antigang puis chef de la brigade criminelle quand celle-ci était encore au prestigieux 36, quai des Orfèvres, le commissaire Leclerc a traversé une époque de poudre et de sang. De l'enlèvement de Mehdi Ben Barka devant la brasserie Lipp en octobre 1965 à la traque de Mesrine, dont il dressa le portrait démythifié d'un « *tueur psychopathe* », en passant par la tuerie du café Le Thélème, où William, le chef du clan pied-noir des Zemour, va trouver la mort, ce « patron » a vécu une carrière hors norme. Il en sortira un livre de mémoires publié en 2000 (*De l'Antigang à la Criminelle*, chez Plon). Bien davantage qu'un roman noir, cet opus demeure un document exceptionnel. Aujourd'hui devenu une référence incontournable pour qui veut comprendre cette époque, il retrace de façon haletante et dans toute son âpreté le récit authentique des enquêtes les plus sensibles du Quai des Orfèvres.

Fils d'agriculteurs bretons qui entra dans la Grande Maison ➡

» en 1961 en prenant les rênes du commissariat de Saint-Germain avec, disait-il, ses « *intellos, ses beatniks et ses paumés* », Marcel Leclerc va travailler sans relâche sur l'assassinat de Pierre Goldman, le 20 septembre 1979, la ténébreuse affaire de Broglie ou encore le rapt du baron Empain. Ce fort en thème, sorti major de sa promotion de l'école des commissaires, va s'imposer comme un grand serviteur de l'État qui ira jusqu'à négocier avec les preneurs d'otages les plus venimeux et certains terroristes des années de plomb, comme ceux d'Action directe ou de la bande à Baader.

UN CHEF CHARISMATIQUE

Ses compagnons d'armes, ses pairs dans cette noblesse d'État entièrement consacrée à lutter contre le crime, s'appelaient alors Olivier Foll, Pierre Ottavioli, Jacques Poinas, François Le Mouël, Ange Mancini ou encore Robert Broussard. Tous des « cadors » de la police judiciaire, des grands « tauliers », comme les appellent les limiers des grandes brigades dans leur jargon et dont Marcel Leclerc était la quintessence. « *Il était un de nos modèles,* témoigne son ami « Jo » Querry, figure de la brigade antigang. *Très complet, il incarnait le commissaire intellectuel, en raison notamment de son doctorat de droit public et de sciences politiques ponctué d'une thèse sur la police qui a fait date, mais aussi l'homme d'action qui allait au feu sur le terrain.* »

Le 31 juillet 1978, Marcel Leclerc a vu la mort en face lors d'une prise d'otages suivie de la

MARCEL LECLERC, ALORS COMMISSAIRE, CHEF DE LA BRI, DE 1974 À 1978. LA 70E PROMOTION DE L'ÉCOLE NATIONALE SUPÉRIEURE DE LA POLICE (ENSP) DE SAINT-CYR-AU-MONT-D'OR A CHOISI DE PORTER SON NOM.

fusillade à l'ambassade d'Irak à Paris. Une scène de guerre qui a fait trois blessés et deux morts, dont l'inspecteur divisionnaire Jacques Capela, qui s'effondre juste sous ses yeux. « *Marcel Leclerc était un formidable policier, que je tenais comme mon ami, même si l'on se vouvoyait,* témoigne le préfet Ange Mancini, chef tutélaire du Raid et ex-coordonnateur national du renseignement auprès de Nicolas Sarkozy. *Marcel était un visionnaire : c'est à sa demande et sous ses ordres que j'ai constitué dès le début des années 1980 une section antiterroriste dotée d'un service de documentation au sein de la brigade criminelle.* »

Jo Querry résume ainsi : « *Marcel Leclerc était l'archétype du chef charismatique sur le ventre duquel on ne tapait pas mais qui se montrait près de ses hommes, qu'il n'hésitait pas à couvrir comme un vrai patron.* » Un « patron » à l'ancienne qui n'avait qu'une ligne, celle du service public. Insensible aux pressions politiques quitte à en payer le prix fort, cet incorruptible va subir une première traversée du désert dans les années 1980 après avoir essuyé les foudres du pouvoir socialiste de l'époque. Ce dernier voulait absolument voir dans l'attentat de la rue Copernic, sur lequel enquêtaient les hommes de Marcel Leclerc, la main de l'extrême droite alors que tout menait au terrorisme palestinien.

Sorti de sa disgrâce au printemps 1986, il est nommé à la tête de la « police des polices », qu'il modernise, sa réforme étant pour l'essentiel, bien des années plus tard, gravée dans la loi, sous Manuel Valls. Marcel Leclerc aura aussi été le premier à lever un coin du voile sur les turpitudes de la « cellule élyséenne » de François Mitterrand, avec l'affaire du Conseil supérieur de la magistrature. Ce qui lui valut, au retour de la gauche en 1988, une seconde disgrâce. Mais ce Breton combatif a l'art de rebondir. En 1993, il devient préfet de police de Lyon, avant d'achever sa riche carrière comme directeur de l'Institut des hautes études de la sécurité intérieure (IHESI, aujourd'hui IHEMI), où son goût de transmettre marquera les esprits.

« ON A TOUS ESSAYÉ DE LUI RESSEMBLER »

Incarnant la droiture dans l'action comme dans la pensée, doté d'un sens aigu de l'honneur et du devoir, Marcel Leclerc est resté un exemple pour une génération de policiers. En petit comité, ce grand flic aimait répéter : « *Le seul critère qui vaille, c'est celui de la compétence alliée à la loyauté.* » Ses proches et ses amis garderont en mémoire l'image d'un homme au verbe alerte mais toujours mesuré, toujours tiré à quatre épingles. Bienveillant avec son entourage et sifflotant volontiers un air d'Enrico Macias sur la route du bureau, il restera ce chaleureux passionné qui a su écouter battre le pouls de sa Grande Maison jusqu'au dernier souffle. De lui, son lointain successeur à la tête de la Crim', Frédéric Péchenard, aimait à dire, avec humour : « *On a tous essayé de lui ressembler.* » La 70e promotion des commissaires de l'École nationale supérieure de police (ENSP), sortie en 2020, a décidé de porter le nom de Marcel Leclerc et a choisi comme emblème le loup, « *pour sa capacité à mener de longues traques et son art de chasser en groupe* », expliquent les élèves de Saint-Cyr-au-Mont-d'Or. ■

**Article paru dans* Le Figaro *le 11 août 2018.*

« VOUS ME DEMANDEZ SI LE CRIME PARFAIT EXISTE ? »

En 2014, le préfet Marcel Leclerc laissait ce témoignage inédit : *« Le privilège du policier, c'est d'être le premier sur l'événement, à l'état vierge, avant qu'il ne soit livré à l'interprétation des autres. (…) Vous me demandez si le crime parfait existe ? Il doit exister et, d'une certaine façon, il existera toujours. Au fond, un crime parfait concernerait une victime dont la disparition n'aurait pas été signalée et que rien ne relierait, de quelque manière que ce soit, à un auteur dont nul ne suspecterait l'existence et encore moins le mobile. Un crime jamais révélé en somme, avec un cadavre jamais découvert. Un crime qui, s'il ne peut être découvert aujourd'hui, ne pourra pas l'être non plus demain. C'est cela la perfection en matière criminelle ! »*

Rebaptisée en 1989 « brigade de répression du proxénétisme de Paris », la police parisienne du sexe a dû s'adapter à l'évolution des mœurs et des lois.

La brigade mondaine, des lupanars chics aux bas-fonds d'internet

*Par Jean-Marc Leclerc**

La Grande Maison fêtait en 2019 le trentenaire de la brigade de répression du proxénétisme (BRP). Une célébration que les autorités préféreraient discrète, tant ce service agite de fantasmes. En 1989, à sa création, Martine Monteil en prit les rênes, devenant la première femme placée à la tête d'une brigade centrale de la préfecture de police de Paris. Elle marchait sur les brisées des Le Taillanter, Ottavioli et tant d'autres cadors de la PJ. On lui doit la chute définitive en 1992 de la célèbre Fernande Grudet, alias Madame Claude. « *Toute une époque !* » se souvient-elle. La BRP était alors installée dans les locaux du 3, rue de Lutèce, sur l'île de la Cité, à deux pas du 36, quai des Orfèvres, où elle eut même ses bureaux auparavant. Mais le vieux « 36 » n'est plus. La Mondaine a suivi le « nouveau 36 », fin 2017, dans ses locaux de la rue du Bastion, quartier des Batignolles. La brigade est installée au troisième étage d'un bâtiment moderne, juste au pied du nouveau Palais de justice. Un brin nostalgique, elle a emporté dans ses cartons son petit « musée » des saisies, collection hétéroclite d'objets à connotation sexuelle glanés au fil des enquêtes. Fétichiste, la Mondaine ?

Les 30 ans de la BRP, c'est plutôt l'anniversaire d'un acronyme, car la police du sexe à Paris a l'âge du commerce des filles de joie. La Mondaine rappelle le passé sulfureux des maisons closes qui ont fermé, le parfum du scandale chez des bourgeois qui aimaient s'encanailler au bras des demi-mondaines. D'où son nom, officialisé en 1930 avant de disparaître au profit d'autres appellations jugées moins péjoratives.

La Mondaine n'a certes pas l'aura de la prestigieuse brigade criminelle, mais les secrets qu'elle a pu receler, aux confins des pulsions et de la luxure, ont valu de l'or autrefois. Le pouvoir qui observe par le trou de la serrure les frasques d'une certaine société peut-il résister à la tentation d'exercer des pressions sur ceux qu'il épie ? Était-ce seulement *« pour le plaisir de savoir »*, comme disait Pierre Ottavioli (« Otta » pour les intimes), ce grand flic qui dirigea la brigade de 1965 à 1970. Il fut un temps, en tout cas, pas si éloigné, où cette brigade constituait un véritable cabinet noir. « *La Mondaine a toujours souffert d'une image négative,* raconte Martine Monteil dans ses Mémoires, *Flic, tout simplement*, chez Michel Lafon. *Il y a toujours régné une odeur de soufre autour de ses patrons successifs* », poursuit-elle.

Sait-on que sous de Gaulle, dans les années 1960, la Mondaine faisait tourner, sur ordre, cinq ou six des maisons de passe parisiennes pour financer la lutte contre l'OAS ? À quoi pouvaient bien servir également les caméras placées derrière les glaces sans tain du défunt club échangiste Le Roi René, dans la paisible commune de Ville-d'Avray (Hauts-de-Seine) ? On y croisait du beau monde dans les années 1970 et 1980, hommes politiques, diplomates, acteurs, avocats en vue et même de hauts magistrats. La DST, ex-nom donné au service français de contre-espionnage, y recueillait quelques informations. Des commissaires de police y avaient même des bouteilles de whisky à leurs noms. Impensable aujourd'hui !

Dire qu'un tenancier pouvait, en ce temps-là, convoyer des filles pour les ▸▸

FERNANDE GRUDET, ALIAS MADAME CLAUDE, LORS DE L'UN DE SES PROCÈS, À CAHORS (LOT), LE 20 JANVIER 1986. ELLE CHUTERA DÉFINITIVEMENT POUR PROXÉNÉTISME AGGRAVÉ EN 1992 ET PASSERA SIX MOIS INCARCÉRÉE À LA MAISON D'ARRÊT DE FLEURY-MÉROGIS.

» mettre à la disposition du chah d'Iran, avec des passeports de service signés par la Place Beauvau ! Le mélange des genres a coûté cher à cette Mondaine-là, qui n'avait pas bonne réputation. Le pire épisode de son histoire fut sans doute l'affaire Ben Barka, quand deux policiers issus de ses rangs arrêtèrent l'opposant marocain devant la brasserie Lipp, boulevard Saint-Germain, le 29 octobre 1965, pour le livrer (sans le savoir, ont-ils affirmé) à ses bourreaux ! « *Vous avez tué la police judiciaire !* » leur lança le « pacha » de la police judiciaire de la Préfecture de police, abasourdi.

En 1974, un autre séisme secoua la police des mœurs parisienne. Une mère maquerelle, Katia la Rouquine, dite « Madame Lucienne », se vengea d'une procédure pour proxénétisme lancée contre elle en balançant les contacts policiers auxquels elle graissait régulièrement la patte pour faciliter l'exercice de sa coupable activité. Premier flic de France à l'époque, Michel Poniatowski changea alors le nom de la brigade pénitente en brigade des stupéfiants et du proxénétisme (BSP). Pour la mettre au pas. C'est finalement l'essor du trafic de drogue qui conduisit à dissocier en 1989 brigade des stups et brigade de répression du proxénétisme. La Mondaine allait donc voler à nouveau de ses propres ailes.

1946. UNE PROSTITUÉE LORS DE SON AUDITION DANS LES BUREAUX DE LA BRIGADE MONDAINE À PARIS.

En trente ans, la BRP est devenue un service de police judiciaire comme les autres, soumis au regard sourcilleux du parquet. Son actuel patron, le commissaire Mégret, porte un nom prédestiné pour la PJ, même s'il n'a pas la même orthographe que celui du célèbre Maigret de Simenon. Ce divisionnaire dirige une cinquantaine de policiers, hommes et femmes. Leur profil s'est rajeuni. Ce sont plutôt des quadras déjà bien formés à la procédure et assis dans leur situation familiale. « *Ici, pas de noceurs. On ne sort pas dans les établissements de nuit parisiens, sauf dans le cadre des contrôles. C'est la condition sine qua non pour être admis* », assure un membre de la brigade.

L'ESSOR DU PROXÉNÉTISME DES CITÉS

Le « groupe cabaret », qui fit les riches heures du service, existe toujours. Ses agents exercent la police administrative sur ce qu'il reste des nuits parisiennes : 497 établissements à contrôler, des bars à ambiance aux clubs échangistes, comme Les Chandelles, Le Mask, Le Cupidon ou Le Château des Lys. « *La quinzaine de boîtes à partouze qu'il reste à Paris n'attire plus grand monde. Certaines tentent de retenir la clientèle avec des professionnelles, et là, c'est l'infraction* », confie un officier de police. Un récent coup de semonce vient d'ailleurs d'être donné au plus

« prestigieux » de ces établissements. Mais, à l'heure d'internet et des réseaux sociaux, l'échangisme, qui n'est pas un délit, se pratique ailleurs. Par exemple dans des soirées pouvant accueillir mille personnes venues de l'Europe entière, ou dans le confort d'un hôtel de charme dont les chambres ont été louées sans rien dire. Échangisme, « mélangisme », pratiques sadomasos, la BRP suit les tendances. *« Nous n'avons qu'une seule grille de lecture : pas de mineurs, pas de maquereaux »*, explique un vieux briscard du service.

Les cinq autres groupes de la brigade sont devenus des généralistes sur toutes les affaires liées au proxénétisme. C'est que le paysage a changé. L'ancien « groupe des réseaux clandestins » qui travaillait sur la prostitution « de luxe » des call-girls et escort-girls est confronté aujourd'hui à une offre de sexe en ligne devenue tentaculaire, avec des webmasters difficiles à faire tomber, les sites étant basés à l'étranger.

L'ancien « groupe de répression de la prostitution immobilière » est bien forcé d'élargir son spectre. Il n'y a plus d'hôtels de passe et la surveillance des meublés ou garnis de la rue Saint-Denis ne justifie plus qu'on y consacre un groupe de huit policiers spécialisés. C'est en fait sur la voie publique que l'activité s'est singulièrement déportée, ces dernières années. Les réseaux drainent aujourd'hui sur les trottoirs et dans les bois des portes de Paris des milliers de prostituées nigérianes, roumaines, albanaises ou chinoises. *« Elles arrivent par les routes de l'immigration, via Milan ou Turin, et ces réseaux sont impitoyables »*, affirme un commissaire de la PJ.

En France, les « bordels » sont interdits mais la prostitution est autorisée. On ne réprime plus le racolage depuis la loi du 13 avril 2016, mais le client est désormais passible d'une amende de 1 500 euros. Ce que le Conseil constitutionnel vient de trouver absolument conforme aux textes fondamentaux.

Sur DSK et ses frasques, par exemple, «il y a eu des notes», confie un homme du sérail. Mais de l'aveu d'un ponte de la PJ, «le pouvoir n'aime plus trop savoir ce qui se passe au plan des mœurs chez les puissants»

« Belle connerie ! » proteste pourtant un ancien du service. Selon lui, *« en pénalisant le client, on a précarisé encore plus les filles ou les hommes qui se prostituent. Ils se dissimulent davantage, tout comme les clients, que l'on a ainsi précipités sur internet, ce qui rend le travail des collègues policiers encore plus difficile. »*

La BRP doit faire face parallèlement à l'essor du proxénétisme des cités. *« Les loustics préfèrent éviter les stups où l'on peut finir refroidi dans un règlement de comptes. Il y a moins de risques pénaux aussi à exploiter des gamines paumées, des fugueuses »*, déplore un limier du « 36 ».

La BRP démantèle environ 50 réseaux de prostitution par an, dix réseaux par groupe judiciaire en moyenne. Qui dit prostitution dit truands, et la police ne peut laisser filer. L'activité de renseignement de la Mondaine persiste à bas bruit. Sur DSK et ses frasques, par exemple, *« il y a eu des notes »*, confie un homme du sérail. Mais, de l'aveu d'un ponte de la PJ, *« le pouvoir n'aime plus trop savoir ce qui se passe au plan des mœurs chez les puissants »*. Les temps ont bien changé. ■

**Article paru dans* Le Figaro *le 12 juin 2019.*

Depuis la fin des braqueurs de banque et des voyous à l'ancienne, la brigade de recherches et d'intervention (BRI) s'adapte au nouveau banditisme des cités.

Les métamorphoses de la BRI

*Par Christophe Cornevin**

Mardi 28 septembre 2010, branle-bas de combat au Quai des Orfèvres. Un jeune homme de confession juive, Jérémy P., vient d'être enlevé par une bande des cités. Le cauchemar de l'affaire Ilan Halimi, séquestré trois semaines à Bagneux et torturé à mort en 2006 par le « gang des barbares », refait surface. Hors de question de revivre un épilogue aussi monstrueux. La brigade de recherches et d'intervention (BRI) est appelée à la rescousse. Très vite, l'Antigang découvre que le motif est crapuleux : le frère de la victime, homme d'affaires qui vit entre Miami et Tel-Aviv, doit verser 3,4 millions d'euros non pas en espèces sonnantes et trébuchantes dans une valise, mais par virements internationaux. Un casse-tête pour la police française.

Partant de la simple description d'une Fiat 500, les limiers retrouvent la trace des kidnappeurs qui retiennent leur proie la nuit dans une cave de la banlieue sud et la balade le jour à travers Paris, menottée à l'arrière d'une Audi RS4. Au terme de deux jours de traque intense, les voyous sont « serrés » rue La Fayette, dans le 9e arrondissement. Trois lascars originaires de Côte d'Ivoire se font passer les menottes. Le benjamin, âgé de 18 ans à peine, totalise déjà 54 gardes à vue pour violences et vols à main armée. Cette affaire, relatée par la commissaire divisionnaire Danielle Thiéry dans son dernier opus intitulé *BRI. Histoire d'une unité d'élite* (Éditions Jacob-Duvernet), illustre les nouveaux défis et les métamorphoses de l'Antigang. Car, depuis près d'un demi-siècle, cette unité mythique n'a eu de cesse d'anticiper les dernières évolutions du banditisme pour mieux le combattre.

L'acte de baptême de la prestigieuse brigade remonte à 1964, au cœur des Trente Glorieuses, alors que la pègre s'invite au banquet d'une France prospère. Professionnels et aguerris, armés comme des porte-avions, les stakhanovistes du hold-up attaquent les banques et les commerces de luxe avec une ahurissante boulimie. La chronique noire de la criminalité parisienne est alors émaillée de 500 ou 600 braquages par an. Les forces de l'ordre ne savent plus où donner de la tête. Les gazettes font trembler le bourgeois en égrenant les derniers faits d'armes de la voyoucratie, tandis que la PJ cultive les déconvenues. De Gaulle s'agace et le ministère de l'Intérieur exige des résultats. La PJ opère alors une révolution copernicienne. Sous la houlette d'un commissaire breton amoureux de cyclisme, François Le Mouël, l'idée est de repérer, « filocher » puis intercepter le voyou juste avant son passage à l'action. Ou au retour à sa base, avec armes et butins, histoire de constituer le flagrant délit. « *Au lieu de partir du crime pour aller au criminel, on partait du criminel pour aller au crime* », résume Le Mouël. Cette technique d'anticipation policière, unique au monde, devient la marque de fabrique de la brigade de recherches et d'intervention (BRI).

« LA PEUR A CHANGÉ DE CAMP »

Les oiseaux rares qui la composent sont triés sur le volet : carrures de rugbymans, courage à toute épreuve et mental en béton armé. « *Sont écartés d'office les têtes brûlées, refusés les cow-boys et autres dingos de la gâchette* », raconte Danielle Thiéry. Dans les couloirs méandreux du quatrième étage, où ils élisent domicile, ces flics en blue-jeans, barbiche, bottes à talons et chemises à fleurs détonnent un peu. Pour le clin d'œil et le temps d'un cliché noir et blanc historique, ils posent tous en arc de cercle, calibre en main, en gabardine et chapeau mou tombant sur le visage. Ambiance à la Melville garantie... C'est le début des années héroïques. Celles des sandwichs avalés pendant les planques alors que les gangsters se tapent la cloche dans le restaurant d'en face. Celles des grands « poulets » tels que Marcel Leclerc, Robert Broussard, Jean-Louis Fiamenghi ou René-Georges Querry. Des filatures qu'il faut parfois tenir sur des centaines de kilomètres et des fusillades dantesques, comme celle du Thélème, café du boulevard Saint-Germain qui frappe de plein fouet les « derniers seigneurs de la pègre parisienne », les frères Zemour. C'est aussi l'affaire de la porte de Clignancourt, en ce jour de novembre 1979 où Jacques Mesrine, dit « le Grand », est truffé de balles au volant de sa BMW alors qu'il est en possession d'un GP 35 14 coups, de sept chargeurs et de grenades défensives incendiaires, prêtes à l'emploi à ses pieds. Aux prises d'otages dans des banques ou des ambassades, succèdent le rapt du baron Empain ou enlèvement du banquier Bernard Mallet, découvert par la BRI enchaîné dans la cave d'un pavillon du Plessis-Robinson, traque du « gang des postiches »... Les gros bras de l'Antigang écrivent à la poudre noire une saga policière où chavire le banditisme. Une quarantaine d'équipes tombent chaque année dans leurs rets. « *La peur a changé de camp* », résume Frédéric Péchenard, directeur général de la police nationale, passé par l'Antigang notamment au moment de la prise d'otages de la maternelle de Neuilly-sur-Seine (Hauts-de-Seine).

Aujourd'hui, la BRI compte toujours une cinquantaine d'hommes surentraînés mais la donne a changé. Avec la monnaie électronique, les fonds de caisses des succursales bancaires sont presque vides et les centres-forts mieux protégés que Fort-Knox. Les braquages de fourgons se comptent sur les doigts d'une seule main chaque année. La guerre des gangs a vidangé le milieu à l'ancienne. À quelques exceptions près, les « beaux mecs » venus de Corse, de Marseille ou de Lyon ont perdu le haut du pavé. « *Le voyou de 40 ans qui ne pense qu'à* »

» *attaquer un fourgon n'existe quasiment plus car le grand banditisme a éclaté,* décrypte en 2019 le chef de la BRI. *Notre vocation est d'aller chercher la délinquance là où elle se trouve, c'est-à-dire dans les cités. Désormais, nous travaillons sur des gamins de 18-20 ans, qui montent des coups au pied de leurs immeubles, vivent de manière autarcique et sont très difficiles à suivre sans se faire repérer…* »

UN ENTRAÎNEMENT SANS RELÂCHE

Pour mieux infiltrer ce décor où la moindre présence policière est « reniflée », la brigade antigang recrute des fonctionnaires d'origine maghrébine, des Eurasiens, un Antillais ou encore un Pakistano-Indien… Faute de pouvoir stationner un « sous-marin » en bas des barres HLM, les surveillances se font de loin, à la jumelle infrarouge, depuis le point haut d'immeubles investis discrètement, de préférence au petit matin quand les dealers sont encore endormis. Les « tuyaux », quant à eux, se collectent au compte-gouttes en jouant sur l'appât du gain, la volonté d'éliminer les concurrents, voire sur la fascination paradoxale qu'éprouvent quelques « balances » pour l'unité d'élite. Les indics hantant les bars interlopes de Pigalle ont, quant à eux, disparu.

« *Exerçant un contrôle social très fort sur le voisinage, la génération montante des voyous est multicarte. Elle se livre aux trafics, aux vols et aux braquages en fonction des opportunités,* explique un commissaire. *Pour les neutraliser, nous sommes obligés de ratisser très large, en passant à l'action même sur des cambriolages par exemple. Plus que jamais, la BRI a vocation à être dehors en permanence pour frapper tous azimuts, la polyvalence est notre code génétique…* » Pour éviter ce qu'un patron de l'Antigang nommait le « *syndrome de l'arme au pied* », qui guette toute unité devenue fébrile à force d'attendre le gros coup, les superflics multiplient aussi les « visites domiciliaires ».

À 120 reprises l'année dernière, ils sont venus appuyer leurs collègues lors de perquisitions à haut risque. « *Nous jouons sur l'effet de surprise maximal pour*

La BRB en pointe face au trafic d'armes

Depuis 1990, la panoplie guerrière qui arme la criminalité organisée passe par la filière des Balkans, notamment via le Monténégro et la Serbie, dont la diaspora reste ancrée dans les grandes agglomérations de l'Hexagone.

*Par Christophe Cornevin**

Si les armes ont tendance à « parler » dans les cités, elles n'y arrivent qu'au compte-gouttes, en fonction des besoins « opérationnels » des malfaiteurs. Le coup de filet que vient de signer la brigade de répression du banditisme (BRB) en saisissant un arsenal de plus d'une tonne et interpellant une dizaine de trafiquants dont des militaires, est à ce titre exceptionnel. « *À la différence d'un produit consommable comme les stupéfiants où le client est toujours en demande, les armes ne sont livrées qu'en réponse à des commandes bien spécifiques* », précise-t-on à la direction centrale de la police judiciaire. Les trafics de calibres sont d'autant plus parcellaires qu'ils n'ont rien de rentables : « *un kilo de cocaïne se négocie entre 25 000 et 30 000 euros, c'est-à-*

éviter qu'ils se débarrassent des armes ou jettent la drogue dans les toilettes, confiait l'ancien patron de la BRI, Michel Faury. *Face à des fous furieux qui se rebellent même après avoir été menottés, nous donnons parfois l'assaut à dix ou douze, avec un chien en renfort. Il nous faut en moyenne trente secondes pour neutraliser un appartement et menotter tous les occupants...* » Le délai peut s'allonger dans certaines circonstances, à l'image d'une récente affaire où la BRI avait investi un domicile de Seine-Saint-Denis occupé par un ressortissant malien, ses trois épouses et quatorze descendants.

Pouvant transporter chacun jusqu'à 37 kg de matériel dans un silence complet, les policiers de l'Antigang disposent depuis deux ans de robots radiocommandés, à peine plus gros qu'une boîte à chaussures, pour explorer les zones dangereuses. Tout comme le camion blindé de la brigade, mastodonte de douze tonnes résistant à tout type de calibre, ces engins ultrasophistiqués sont employés lors d'opérations commandos contre des forcenés ou des preneurs d'otages. La libération d'un psychiatre retenu par un psychopathe en mars 2010 à la prison de la Santé en témoigne. S'entraînant sans relâche pour faire face à des interpellations toujours rugueuses, les hommes de l'Antigang, roués au noble art de la

Pour mieux infiltrer un décor où la présence policière est vite « reniflée », la BRI recrute des fonctionnaires d'origine maghrébine, eurasienne, antillaise ou encore pakistano-indienne...

boxe, au tir de très haute précision - certains logent cinq balles dans une pièce de 1 euro à 200 mètres - ou encore à la varappe, ont déploré dix blessés l'année dernière. En 2010, l'Antigang a accroché pas moins de 138 interpellations à son tableau de chasse. ■

**Article paru dans* Le Figaro *le 11 juin 2011.*

dire environ le prix de dix fusils d'assaut de type kalachnikov revendus 2 500 euros l'unité avec deux chargeurs », explique un policier spécialisé, qui estime qu'un pistolet automatique approvisionné se marchande autour de 1 500 euros.

6 000 SAISIES D'ARMES À FEU CHAQUE ANNÉE

Depuis 1990, la panoplie guerrière qui arme la criminalité organisée passe par la filière des Balkans, notamment via le Monténégro et la Serbie, dont la diaspora reste ancrée dans les grandes agglomérations de l'Hexagone. « *Encombrante, la cargaison est souvent transportée par lots de quelques armes dissimulées dans des caches aménagées, parmi du fret routier et dans les lignes de bus low-cost* », détaille le commissaire divisionnaire Yann Sourisseau, patron de l'Office central de lutte contre le crime organisé (OCLCO), qui ajoute que « *les trafics sur internet sont davantage le fait de collectionneurs qui cherchent à récupérer des pièces non neutralisées, notamment les canons, pour reconstituer une arme qui fonctionne* ».

Après les attentats de 2015, deux textes européens ont redéfini des critères communs de neutralisation et durci les règles d'acquisition ainsi que de stockage des armes au sein de l'Union. De son côté, la France, qui s'est dotée depuis 2016 d'un fichier national d'identification balistique, est le théâtre d'envi- ➜

» ron 6 000 saisies d'armes à feu par an, dont 2 000 revolvers et pistolets. Selon nos informations, seuls 217 des calibres confisqués en 2020, soit un peu plus de 3 % du total, étaient classés comme armes de guerre en catégorie A.

En outre garni par une partie des quelque 10 000 armes déclarées volées chaque année chez les chasseurs, les tireurs sportifs et dans les armureries, l'arsenal des voyous a pu être aussi complété à la marge grâce à la « conversion » de pistolets d'alarme en engins létaux mais aussi à la remilitarisation d'« armes acoustiques » plus vraies que nature, fabriquées en Slovaquie et utilisées dans le cinéma pour les tirs en rafale.

Dès mars 2015, l'OCLCO a ciblé ce business en coordonnant une série de perquisitions sur tout le territoire. Au lendemain des attentats, le trafic s'est effondré car les voyous, sachant que cela peut leur coûter jusqu'à dix ans et 500 000 euros d'amendes, ne prennent plus le risque de voir leur marchandise semer la mort lors d'une équipée terroriste. Depuis, plus personne n'entend négocier avec un acheteur susceptible d'être radicalisé. Tous gardent en mémoire que, pour avoir fourni des armes à Mehdi Nemmouche, auteur de l'attentat du Musée juif de Bruxelles, Nacer B., voyou français, a été condamné en 2019 en tant que coauteur à quinze ans de prison. ■ C.C.

**Article paru dans* Le Figaro *le 17 janvier 2021.*

François Le Mouël Stratège de la « Grande Maison »

Ce Breton a créé la BRI, fait tomber la French Connection et inventé l'unité de coordination de la lutte antiterroriste (Uclat).

*Par Jean-Marc Leclerc**

« *Monsieur, je n'ai pas eu peur des Boches, je n'ai pas eu peur des voyous, je n'ai pas peur de vous !* » Ainsi répliqua François Le Mouël à Gaston Defferre quand, en 1982, le ministre socialiste de l'Intérieur tentait de faire pression sur lui pour régler une nomination. Le Mouël, ce Breton coriace, ancien résistant, homme de gauche déclaré mais policier avant tout, était l'une des plus grandes figures de la PJ. Il est décédé un matin d'automne 2015, en région parisienne, des suites d'un banal accident, renversé par un camion.

Pour les connaisseurs des arcanes de la police judiciaire, il reste l'un des pères fondateurs de la police d'initiative, des techniques d'intervention en flagrant délit. Il peaufina ses méthodes en devenant le premier patron de la

FRANÇOIS LE MOUËL. SANS DOUTE LE POLICIER LE PLUS DOUÉ DE SA GÉNÉRATION.

Il reste l'un des pères fondateurs de la police d'initiative, des techniques d'intervention en flagrant délit

brigade de recherche et d'intervention (BRI), connue aussi sous le nom d'Antigang. Une unité d'élite qui défila cette année sur les Champs-Élysées et qui alimente aujourd'hui encore l'imaginaire des cinéastes, comme en témoigne un film récent mettant en scène l'acteur Jean Reno, qui fit près de 300 000 entrées.

Dans les années 1970, François Le Mouël est nommé à la tête de l'Office central pour la répression du trafic illicite de stupéfiants (OCRTIS), où il exporte son savoir-faire. Et c'est la French Connection qui tombe. Pour la première fois en France, des laboratoires de transformation d'héroïne qui alimentaient le marché nord-américain sont démantelés. Une organisation tentaculaire composée d'une multitude d'équipes de chimistes et de truands implantées de Marseille à Paris, en passant par Bordeaux et Le Havre. La BRI de Le Mouël, qui pouvait s'organiser ponctuellement en brigade anti-commando, était l'ancêtre des unités de choc installées de façon permanente au sein de la police et de la gendarmerie, à mesure que s'enracinait la menace terroriste, comme le GIGN ou le Raid.

Crâne dégarni, regard sévère encadré par d'épais sourcils et d'épaisses lunettes à monture d'écaille, François Le Mouël impressionnait. *« Pour avoir privilégié la défense de ses hommes au détriment de sa propre carrière, lui, le flic de gauche, fut sabré par la gauche en 1982, alors qu'il avait atteint les fonctions convoitées de directeurs de la PJ parisienne »*, se souvient Jo Querry, l'un de ses lointains cadets au « 36 ». L'ex-commissaire Querry décrit un *« personnage unique, un patron que l'on croyait immortel »*.

François Le Mouël, né le 26 janvier 1927 à Kerien (Côtes-d'Armor), d'un père commerçant et d'une mère institutrice, était licencié en droit et titulaire d'un DES d'économie politique. Il entra à la Préfecture de police sur concours comme officier de police, avant de gravir tous les échelons, jusqu'au grade d'inspecteur général de la police nationale. Il pratiquait intensément le vélo pour maintenir sa forme. On lui doit la création de l'unité de coordination et de lutte antiterroriste (Uclat) qui reste le fer de lance de l'actuel dispositif de lutte contre le terrorisme en France. Un chef charismatique et imaginatif. ■

**Article paru dans* Le Figaro *le 6 octobre 2015*

Raymond Boithias
Le centenaire de la Crim'

Le doyen de la brigade criminelle, qui a traqué les collabos, Pierrot le Fou, croisé Picasso et Chagall, raconte son incroyable carrière.

*Par Jean-Marc Leclerc**

RAYMOND BOITHIAS DANS SON BUREAU DU 3E ÉTAGE DU QUAI DES ORFÈVRES.

Avoir plus de 100 ans et être en guerre. Raymond Boithias, le doyen de la brigade criminelle de Paris, espère bien gagner cette der des ders contre l'ennemi invisible. En ces temps de coronavirus, dans son petit appartement d'une commune des Yvelines, celui qui vient de fêter son anniversaire se récite des poèmes des Parnassiens, ses préférés, Leconte de Lisle et son *Sommeil du condor*, et puis Baudelaire (*J'ai plus de souvenirs que si j'avais mille ans*). Une gymnastique de l'esprit à laquelle il s'astreint chaque jour, sous une litho de Dali, entouré de ses livres, si précieux à ses yeux pétillants.
Assis dans le canapé du salon, il suit les « *actualités* » à la radio, épaule contre épaule avec Gisèle, son épouse, élégante et silencieuse. « *On a cette chance d'être deux* », glisse-t-il tendrement. Le commissaire Boithias a sans doute eu la sagesse de ne pas tout consacrer à son métier. Il a quitté la police en 1979, sans poursuivre dans le privé, comme tant d'autres le font, à l'heure de la retraite. « *Plus de quarante ans se sont écoulés depuis mon départ de la boîte. Une éternité !* », s'exclame-t-il. Dans son dernier poste, il rédigeait les synthèses confidentielles de la PJ parisienne destinées au préfet de police, au ministre de l'Intérieur et même au président de la République. Il en parle presque à voix basse, avec cette réserve qui caractérise ceux qui ont exercé les vraies responsabilités dans la Grande Maison. Quelle vie, tout de même ! Cet homme à la mise impeccable, qui cite Hugo, Prévert, a couru derrière la pire engeance, comme Pierre Loutrel, alias Pierrot le Fou, et son gang des Tractions avant. Il a aussi côtoyé les plus grands peintres pour leur demander s'ils étaient ou non l'auteur de tableaux saisis au cours d'enquêtes au « groupe des faux », dont il eut la charge durant de longues années, prenant la suite d'un autre doyen de la Crim', Maurice Gouny, son ami, son « *frère* », homme d'honneur, conteur extraordinaire, décédé à 99 ans.

Des faux-monnayeurs, des faussaires, ils en ont coffré. À son époque, quand un crime était commis la nuit, le car police secours allait réveiller « M. l'Inspecteur » chez lui, pour lui indiquer où se rendre pour ses constatations. On partait alors en « dérouille », c'était l'expression consacrée. Pas de portables, pas d'ADN. On ne pouvait compter que sur les empreintes, la balistique et un flair aiguisé. La police était une drogue et les rapports se tapaient à deux doigts sur d'increvables Remington. On planquait dans des Rosalie, des Juvaquatre. Ambiance reflet de la lune sur les pavés luisants.

Un jour, il faut amener à Picasso trois toiles portant sa signature. Voyage en 1re classe et en Caravelle jusqu'à Cannes. Le maître tranche : *« Ce n'est pas de moi. »* Raymond Boithias repart avec trois croûtes sous le bras, en train cette fois, et en seconde classe. *« C'était la logique froide de l'administration : les tableaux n'avaient plus de valeur… » « Chagall était le plus courtois. J'allais le voir sur l'île Saint-Louis ; on parlait longuement »*, confie-t-il. Il y eut aussi Vlaminck, Utrillo. Il n'en dira pas plus, par pudeur. Son panthéon est pourtant peuplé d'intrigues et de coups d'éclat qui firent la une des journaux autrefois : l'affaire des faux billets de 1 000 francs, dans les années 1950, ou encore l'affaire Walter, du nom d'une riche héritière suspectée de quelque turpitude, et puis celle des faux tableaux impressionnistes écoulés par Fernand Legros, qui berna de riches Américains, mais aussi de puissants notables en France.

Philosophe, Raymond Boithias pense avoir tiré de ces *« voyages en coulisse »*, un enseignement qui vaudrait aujourd'hui encore : *« De même qu'il y a, au plus haut niveau, des raisons d'État, il peut y avoir, au niveau des grands empires industriels ou commerciaux, des raisons comparables. »* Les flics sont souvent sans illusions.

Le policier est alors considéré comme « travailleur de force ». Ce qui lui ouvre droit à quelques tickets de pain en plus et à un supplément de vin rouge

De l'attentat du Petit-Clamart contre de Gaulle en 1962, à l'assassinat du prince de Broglie en 1976, en passant par l'enlèvement de Mme Dassault en 1964, ou celui de l'opposant marocain Mehdi Ben Barka, un an plus tard, ce commissaire discret a vécu, aux premières loges, des affaires mythiques du 36, Quai des Orfèvres. Il a senti le souffle des bombes des anciens d'Indochine, de l'OAS, ramassé quelques morts de la bataille fratricide du FLN et du MNA algériens, en plein Paris. Il a même croisé dans sa jeunesse le commissaire Massu, qui servit de modèle à Simenon pour créer son Maigret. *« Un style chapeau-moustache un peu désuet. Il était patron de la voie publique et faisait des remplacements à la Crim' durant les vacances »*, se souvient l'ex-limier.

Raymond Boithias a grandi à Ivry-sur-Seine, dans la banlieue rouge parisienne. Il est le fils d'un conducteur de tramway devenu sous-brigadier de police et d'une couturière, des Jurassiens de Longeville. En « *39-45* », il est déjà un jeune homme. Après la débâcle, il franchit seul la ligne de démarcation, à vélo et à l'envers, de Limoges, où il était mobilisé, à Paris. Aussitôt, il passe un concours, devient gabelou (douanier) à l'octroi de la capitale. Suit le concours d'inspecteur de police, où il se classe deuxième. *« J'avais des facilités »*, dit-il sobrement. Dès le 1er août 1941, il perçoit le pistolet 7,65 mm qu'il va garder toute sa carrière, une paire de menottes avec deux clés. Et puis l'insigne de la PP, qui s'accrochait alors sous le revers du veston, baptisé « la secrète », pour se dévoiler au dernier moment.

Le voici affecté dans un petit commissariat de quartier. De ces années troubles, il garde en mémoire la faim qui tenaille, la rigueur des couvre-feux, des confinements, déjà. Le policier est alors considéré comme « travailleur de force ». Ce qui lui ouvre droit à quelques tickets de pain en plus et à un supplément de vin rouge. *« J'ai connu la fièvre de la der-* »

» *nière semaine, entre le 19 et le 25 août 1944, période de l'insurrection parisienne commencée par la police* », se rappelle-t-il. Le « 36 » avait pris les armes, face à la place Saint-Michel. « *Un canon avait été mis en batterie devant la porte pour repousser les chars allemands qui viendraient s'aventurer de l'autre côté de la Seine, où j'étais posté, avec une poignée de volontaires. Je devais prévenir de leur arrivée par des signaux, puis me jeter dans la bouche du métro. Rétrospectivement, une vraie mission suicide* », reconnaît-il.

L'épuration, les faux héros, les magistrats qui retournent leur veste à la Libération, il peut témoigner de tout avec précision. Les coups de feu contre de Gaulle à Notre-Dame, cette « *tartarinade* », selon les mots du Général ? « *J'y étais ; je faisais partie du service d'ordre* », lâche-t-il.

L'épuration, les faux héros, les magistrats qui retournent leur veste à la Libération, il peut témoigner de tout avec précision. Même des coups de feu contre de Gaulle

Au sortir de la guerre, on l'affecte dans une nouvelle unité chargée de traquer les collabos. Cette « section spéciale » s'installe quai de Gesvres. Elle tombera notamment Bonny, Lafont et leurs séides, exécrables complices de la Gestapo, qui torturaient leurs victimes rue Lauriston. Il se souvient de l'explosion des agressions à la fin du conflit. La brigade chargée de les endiguer ne fut dissoute qu'en décembre 1948. C'est là qu'il versa définitivement à la Crim', baptisée brigade spéciale criminelle avant de devenir brigade criminelle tout court, sous la houlette de figures tutélaires de la PJ, de Maurice Bouvier à Max Fernet, en passant par Roger Poiblanc, Gustave Jobard, Pierre Ottavioli.

« *Il y a à raconter, c'est sûr, mais qui cela intéresse-t-il de nos jours ?* », interroge ce monument vivant de la police nationale, avec un brin de coquetterie. Ce qu'il regrette ? C'est de ne pouvoir étreindre sa fille, Évelyne, mariée à Pierre, ses trois petits-enfants, ses quatre arrière-petits-enfants, à cause de ce « *fichu virus* ». « *C'est que le temps presse* », conclut-il avec humour. Au moment de boucler ce hors-série sur la PJ, Raymond Boithias est toujours des nôtres, âgé de 101 ans, et il attend son exemplaire de pied ferme, le regard toujours aiguisé sur la vie en général et sur la Grande Maison en particulier.

**Article paru dans* Le Figaro *le 7 avril 2020.*

BIO EXPRESS

19 février 1920 Naissance à Paris (13e).
1941 Entre à la Préfecture de police comme inspecteur spécial.
1946 Intègre la brigade criminelle (section des agressions).
1957-1962 Chef du groupe des enquêtes criminelles et des affaires de faux.
1970 Nommé commissaire, chef adjoint de la brigade criminelle.
1974 Chargé de mission à l'état-major de la PJ-PP.

Équipés d'un sonar, les policiers de la brigade fluviale de Paris explorent les profondeurs du fleuve. Trente caméras de surveillance les aident dans leurs tâches ingrates. Et les découvertes macabres se succèdent...

La Fluviale repêche un cadavre par semaine dans la Seine

*Par Jean-Marc Leclerc**

Près de cinquante cadavres repêchés dans la Seine ces douze derniers mois. Un par semaine ! Plus la brigade fluviale de Paris sonde en eaux troubles et plus les corps remontent à la surface. Noyades, règlements de comptes, crimes passionnels, le fleuve cher à Apollinaire recèle sa part de drames qui n'émergeaient jusqu'alors qu'au fil des plongées, avec une visibilité d'un mètre à peine. Désormais, la police écume l'onde avec un sonar de marque américaine que les fonctionnaires parisiens ont aris à exploiter avec finesse, se familiarisant avec la « signature vidéo » des corps reposant sur la vase ou flottant à la verticale, les pieds attachés à un lest, comme dans les films les plus noirs.

« *La technologie, c'est vrai, a révolutionné le métier* », déclare un brigadier, aux commandes de sa plateforme de plongée l'*Alsace*. À l'heure où les automobilistes s'impatientent dans les bouchons des voies sur berge, ce bateau en aluminium, qui semble caboter, ne fait pas de la promenade. Les yeux rivés sur un moniteur vidéo, le chef de bord vient de lâcher le « poisson », sorte de minitorpille jaune reliée à un filin, qui émet et reçoit un signal analysé par ordinateur. À l'écran défile un paysage lunaire où se dessinent cailloux, poutrelles et canalisations. Soudain, une forme incongrue surgit des ténèbres. Un véhicule immergé, avec son capot, ses roues, sa porte entrouverte, à cinq mètres de la surface. Ce matin-là, l'*Alsace* a pu détecter une carcasse de Mégane déposée la veille par des plongeurs pour les besoins de l'exercice. « *Mais avec un peu d'expérience, l'ombre sonore des corps nous apparaît tout aussi distinctement. On devine même les bras et les jambes…* », explique un brigadier, diplômé en investigations subaquatiques.

Les trouvailles du « poisson » s'étalent à longueur de rapports sur le bureau du patron de la direction opérationnelle des services techniques et logistiques de la Préfecture de police. « *Pas* ▸▸

» *moins de 360 véhicules immergés ont été visualisés par le sonar, dont 77 ont pu être relevés par la grue du remorqueur du service, l'*Île-de-France, *spécialement conçu pour ce type de missions* », se félicitait ce grand ordonnateur des moyens terrestres, nautiques et aériens de la « PP », il y a quelques années.

Le commissaire égrène fièrement ses affaires. Mars : détection d'une voiture sous les eaux, à Vitry-sur-Seine. Elle a conduit à l'identification de deux cadavres encore ceinturés à son bord. L'enquête s'est orientée vers un suicide. Avril : des malfrats poursuivis par la BAC après un vol à main armée avaient lancé leur arme dans le fleuve à Vitry-sur-Seine. L'équipe d'investigation subaquatique, alertée, a rapidement retrouvé le calibre pour le transmettre au Quai des Orfèvres. Mai : après sondage à la « torpille », une plongée a permis de mettre la main sur le produit d'un cambriolage commis avec séquestration. « *Plusieurs dizaines de milliers d'euros de butin en bijoux restitués !* », se félicitait la hiérarchie. L'inventaire des repêchages après détection fait également état de nombreux cadavres d'animaux charriés par les crues, mais aussi d'obus des vieilles guerres et des détonateurs particulièrement instables, sans parler des pistolets, fusils, carabines et revolvers et lots de munitions de tous calibres.

« *À chaque fois, avant de remonter les objets, il faut les mesurer, les photographier, prendre la température du milieu d'immersion, dans des conditions très contraignantes en raison du manque de luminosité, du fort courant et du froid régnant souvent dans les profondeurs du fleuve* », précise un capitaine. À l'entendre, on ne relève pas un véhicule immergé sans précautions. « *Il faut*, dit-il, *s'assurer que les traces et indices à l'intérieur ne vont pas disparaître dans les eaux au moment du levage. L'emplacement d'un couteau ou d'une arme dans le véhicule a son importance. Des ossements peuvent également s'y trouver, dont le positionnement peut se révéler fondamental pour l'enquête* », assure cet officier de police judiciaire. Selon lui, la dégradation d'un cadavre sorti de l'eau est quasiment instantanée. D'où l'importance des prises de vues et des relevés subaquatiques avant l'autopsie.

La dégradation d'un cadavre sorti de l'eau est quasiment instantanée. D'où l'importance des prises de vues et des relevés subaquatiques avant l'autopsie

À la Fluviale, sur une centaine d'agents, la moitié dispose des qualifications de plongeur. Près de quarante ont été formés à l'utilisation du sonar pour assurer une meilleure rotation des équipes. Et autant ou presque ont obtenu le permis requis pour piloter le remorqueur *Île-de-France*, long de 22 mètres. « *Le public a de notre brigade l'image de ces hommes aux lunettes noires qui patrouillent en Zodiac sur la Seine dans les reflets du soleil, mais le quotidien du service est beaucoup plus rude. D'ailleurs, nos visiteurs en mal de balades sur le fleuve se font nettement moins nombreux en plein hiver, quand nos hommes doivent effectuer leurs plongées par*

-5 °C de température extérieure », ironise l'un des piliers de la « maison ».

Cette brigade, qui marie la méthode Bertillon aux techniques du commandant Cousteau, revendique son identité. Née en 1900, elle fut la première formation spécialisée et mécanisée de France, équipée de « vedettes automobiles » contre les braconnages, quatre ans avant les brigades du Tigre. À l'époque, le gardien de la paix sauveteur devait plonger tout habillé, sans chaussures ni vareuses, ni casquette, une ligne de vie à la ceinture. En 2011, la Fluviale a encore sorti des eaux pas moins de 200 personnes en danger, soit une augmentation de 50 % des sauvetages. Car son aire d'intervention s'est étendue. Cantonnée jusqu'alors à Paris et ses trois départements limitrophes, elle a compétence sur toute la région Île-de-France, depuis la réforme du Grand Paris du préfet Michel Gaudin, soit 597 kilomètres de voies navigables.

La Préfecture de police a fait en 2011 un poste de police délocalisé à Joinville-le-Pont (Val-de-Marne), pour améliorer les temps d'intervention, qui ont été réduits à cinq minutes en moyenne. Son implantation principale, sur le quai Saint-Bernard, a fini sa restructuration. Un réseau de 30 caméras sur la Seine est venu appuyer les équipes d'intervention. Reliées aux salles de commandement de la Préfecture de police, sur l'île de la Cité, elles permettent d'enregistrer l'activité sur le fleuve, notamment à des fins judiciaires. Les incidents se sont multipliés à mesure que l'activité sur l'eau s'est densifiée, ces dernières années, faisant de Paris le premier port fluvial mondial, avec 8 millions de visiteurs par an. En juillet 2010, un car est tombé dans la Seine. Un mois plus tard, une péniche coulait au niveau du pont d'Iéna. En janvier 2012, il aura aussi fallu secourir les 95 passagers d'un bateau

L'un des agents de la brigade se désole de « la montée des incivilités et des insultes sur l'eau ». Signe des temps, la Fluviale a dû développer une nouvelle mission de prévention visant à lutter contre les jets de projectiles depuis les ponts surplombant la Seine

bloqué entre deux piles du même pont. « *Et je ne vous parle pas des opérations des militants de Greenpeace qui bloquent les bateaux et descendent les ponts en rappel !* », s'exclame l'un des agents de la brigade, qui se désole également de « *la montée des incivilités et des insultes sur l'eau* ».

Signe des temps, la Fluviale a dû développer une nouvelle mission de prévention visant à lutter contre les jets de projectiles depuis les ponts surplombant la Seine. « *Hier, quelques imbéciles jetaient des bouteilles d'eau sur les touristes japonais embarqués dans les bateaux-mouches*, se souvient un major. *Aujourd'hui*, confie-t-il, consterné, *ils jettent des Vélib' !* » La Seine des poètes a bien changé. ■

**Article paru dans* Le Figaro *le 13 juin 2012.*

L'Identité judiciaire, clé de la réussite des enquêtes

*Par Christophe Cornevin**

Autrefois simples auxiliaires, les hommes de l'« IJ », grâce à leurs techniques toujours plus affinées, sont aujourd'hui des enquêteurs à part entière.

Plus de trois millions d'hommes et de femmes sont couchés là, dans un espace confiné d'une centaine de mètres carrés. Sagement alignés par ordre alphabétique dans une batterie de sarcophages métalliques. Leurs histoires se résument à quelques lignes tapées à la machine sur des rectangles de papiers jaunis. Une photographie en noir et blanc, face-profil, et dix traces de doigts viennent compléter le portrait. Signes particuliers : chaque pensionnaire a eu le désavantage, un jour ou un autre, de porter une paire de menottes. Cela fleure bon le vieux papier et la police à la papa. Nous sommes dans l'antre de l'Identité judiciaire (IJ), située dans les sous-sols du Palais de justice. Là où l'on conserve pieusement la mémoire du crime parisien. Armée des ombres pour certains, enfant maudit pour d'autres, l'IJ cultive depuis des lustres un anonymat contre nature. En effet, fort d'environ 200 policiers en blouse blanche, ce service, l'un des plus étoffés de toute la police judiciaire, est aujourd'hui au carrefour des enquêtes les plus importantes. La police technique et scientifique a permis l'élucidation des deux tiers des meurtres commis dans la capitale et sa proche couronne.

Comme le rappelle l'un des plus brillants patrons de cette vénérable institution, l'ex-commissaire Richard Marlet, « *l'Identité judiciaire a été créée à la fin du XIX*e *siècle, pour la première fois au monde, par Alphonse Bertillon, un commis aux écritures qui a jeté à lui seul l'ensemble des bases de l'anthropologie criminelle et de la police scientifique. Le service était en pole position jusque dans les années 1950, avant que l'explosion des affaires de stupéfiants et du grand banditisme ne relègue cette discipline au placard. Toute la PJ était sous la coupe des gros bras de l'Antigang qui traquaient alors le gang Zemour ou les ravisseurs du baron Empain.* » Il a fallu attendre 1985, l'arrivée de Pierre Joxe à la Place Beauvau et le passage à la photographie couleur dans les commissariats pour que les chasseurs d'indices redorent leur blason. Avant cette date, le ministre de l'Intérieur n'avait pas caché son inquiétude, en ayant notamment ce mot : « *La situation de la police scientifique est tellement tragique que ce devrait être un secret de défense nationale.* »

Aujourd'hui, l'Identité judiciaire est sur tous les fronts. À l'instar d'une bonne auberge espagnole, on y trouve les talents les plus divers : les experts de la dactyloscopie compulsent à longueur de journée des milliers de fiches de renseignements tandis que photographes et dessinateurs tentent de reconstituer des scènes de crime dans leurs plus infimes détails. Les « traceurs », de leur côté, passent des heures sur les lieux d'un meurtre pour relever de manière obsessionnelle la moindre traînée de doigt abandonnée par l'assassin.

Ces fonctionnaires retrouvent des indices sur la quasi-totalité des supports comme le verre, le bois ou encore le papier. Actuellement, seuls les matières textiles et la peau humaine nous empêchent d'avoir des résultats probants. L'Identité judiciaire débarque généralement la première sur les scènes de crime. Une équipe de trois hommes, composée d'un photographe, d'un dessinateur et d'un dactylotechnicien, est prête à intervenir en permanence 24 heures sur 24. Spécialistes en explosifs, experts en incendie criminel ou encore chercheurs d'empreintes génétiques, ces accoucheurs de l'indice disposent d'une étonnante panoplie pour faire « parler » l'arme retrouvée à côté d'un cadavre, les meubles sur lesquels le tueur s'est appuyé ou les papiers peints de l'appartement.

Ainsi, quelques gouttes de produits chimiques sur une surface a priori immaculée laissent soudainement apparaître des auréoles vertes révélant la présence d'anciennes traces de sang que le meurtrier a vainement tenté d'effacer. Des jets de vapeur projetés sur la crosse d'un fusil mettent en évidence des traces de sueur laissées sur une arme. Le balayage du faisceau lumineux ultraviolet d'un « Crimescope » sur une poignée de porte ou une lampe de chevet révèle la moindre trace de doigt. Bottés, gantés, revêtus de combinaisons de papier blanc et chaussés de lunettes opaques tout droit sorties d'un film de science-fiction, ces sorciers passent en revue, centimètre par centimètre, chaque recoin de la scène du crime.

Pour un meurtre classique, l'inspection des lieux dure en moyenne six heures. Parfois, cela peut durer plus longtemps. Pour l'attentat de Port-Royal, les gars sont restés plus de trois jours dans la station pour rechercher des traces dans les deux wagons qui avaient explosé. Pour les affaires les plus délicates, plusieurs équipes sont appelées en renfort. Plus que jamais, la police parisienne tend vers le modèle du « Serious Crime Unit » inventé par leurs collègues de Scotland Yard, qui, eux, n'hésitent pas à déployer 30 techniciens pour trouver des traces, là où le Quai des Orfèvres n'en mobilise que deux ou trois. Ce manque d'effectif est compensé par une récente « révolution culturelle » qui a métamorphosé les poussiéreux rats de laboratoire des années 1980 en de véritables flics de terrain. « *Dans le temps,* résume un commissaire de la brigade criminelle, *on ricanait en voyant arriver les gars de l'IJ avec leur poudre de perlimpinpin. Aujourd'hui, on fait systématiquement appel à leur sens de l'initiative pour nous aider à résoudre les énigmes les plus mystérieuses.* » Les Sherlock Holmes parisiens ont augmenté leur puissance de feu grâce à l'acquisition d'une nouvelle version du Fichier automatique des empreintes digitales (FAED), capable de coder et de comparer en deux minutes exactement la bagatelle de 10 millions d'images d'empreintes. Ce monstre informatique sommeillera à l'ombre d'épaisses fondations du XIVe siècle jouxtant les anciennes salles de garde du Palais de justice. ■

Ils retrouvent des indices sur la quasi-totalité des supports possibles et imaginables, que ce soit du verre, du bois ou du papier

**Article paru dans* Le Figaro *le 24 août 1999.*

Alphonse Bertillon, le grand-père de la police scientifique

Considéré d'abord comme un « fou », Alphonse Bertillon faillit bien être congédié de la Préfecture de police. Il posa les bases de l'anthropologie criminelle, en mesurant la longueur et la largeur des têtes de prisonniers, la longueur de leurs oreilles, de leurs médius, de leurs auriculaires et de leur pied gauche. Une autre époque.

*Par Christophe Cornevin**

Bertillon, Alphonse. Date de naissance : 1853. Longueur de tête : 19,4 cm. Largeur : 16,8 cm. Zygomatiques : 14,7 cm. Signes particuliers : étudiant raté et monomane de la mesure métrique. Commis à la Préfecture de police et créateur de l'anthropométrie criminelle. Fanatique des crânes et des squelettes depuis sa plus tendre enfance, Alphonse Bertillon va ouvrir la voie de la police scientifique au terme d'un parcours personnel particulièrement chaotique. Son irrésistible ascension dans les rangs de forces de l'ordre est intimement liée à la pathétique impuissance des policiers de son époque à confondre les multirécidivistes.

Depuis l'abolition, en 1832, de la marque au fer rouge, rien n'était en effet plus facile pour les criminels que de se faufiler à travers les mailles de la justice. Jusqu'au début du XXe siècle, le nombre des meurtres impunis est phénoménal : les empreintes digitales n'existent pas encore, la balistique en est à ses balbutiements, et la toxicologie n'est pas encore été utilisée dans les enquêtes.

Fils d'un médecin réputé, le jeune Alphonse fait le désespoir de sa famille. Cancre gouailleur renvoyé de tous les lycées, il passe son temps à mesurer tout ce qui lui tombe sous la main. Des meubles de sa chambre aux ustensiles de ménage, en s'attardant sur la série de crânes d'Australiens et Lapons que collectionne son père. Par relations, il devient un obscur commis aux écritures à la Préfecture de police : il recopie sur des fiches la description des individus arrêtés dans la journée.

DES DÉLINQUANTS ACCOUDÉS SUR UN GUÉRIDON

Des descriptions très succinctes et fort insuffisantes, accompagnées de photos sur lesquelles posaient les délinquants accoudés sur un guéridon, la joue appuyée sur le revers de la main, le regard perdu dans le lointain. Bertillon décide alors de se rendre régulièrement

ALPHONSE BERTILLON. FANATIQUE DES CRÂNES ET DES SQUELETTES.

au dépôt pour mesurer la longueur et la largeur des têtes de prisonniers, la longueur de leurs oreilles, de leurs médius, de leurs auriculaires et de leur pied gauche, afin de faire de nouvelles classifications. Cette « *lubie* » remonte jusqu'aux oreilles du préfet de police, qui menace alors de le congédier pour « *aliénation mentale* ». Mais le tenace Bertillon poursuit sa folle entreprise. Et en 1882, la méthode paie : il démasque son premier récidiviste. Un an plus tard, il en confond 49 de plus. En 1884, il découvre 241 malfaiteurs déjà fichés.

Dix ans plus tard, le répertoire d'anthropométrique judiciaire, rebaptisé le « bertillonnage », totalise plus de cinq millions de fiches. Sa précieuse participation à l'arrestation de l'arnachiste Ravachol lui vaut d'être le premier patron de l'Identité judiciaire, pour un salaire annuel de 120 000 de nos francs, soit 18 000 euros. Contrairement à ce que l'on pense généralement, Bertillon ne crut jamais à l'efficacité des empreintes digitales. Et pourtant, elles ont fini par s'imposer comme une méthode d'identification des plus fiables. ■

**Article paru dans* Le Figaro *le 24 août 1999.*

POLICE

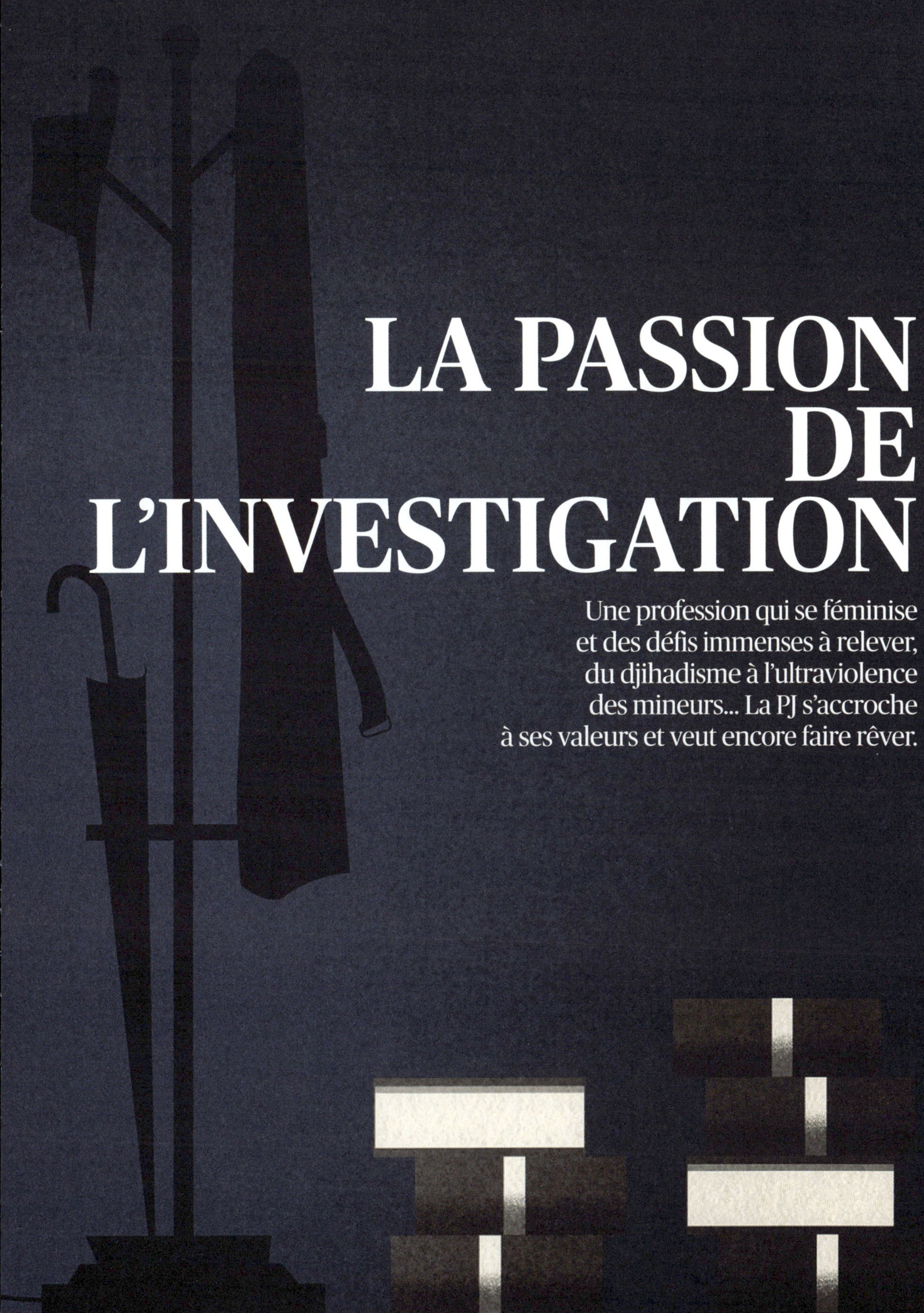

LA PASSION DE L'INVESTIGATION

Une profession qui se féminise
et des défis immenses à relever,
du djihadisme à l'ultraviolence
des mineurs... La PJ s'accroche
à ses valeurs et veut encore faire rêver.

En 2017, l'une des unités les plus secrètes de la police française avait accepté de nous ouvrir ses portes. Voici comment le tenant de cette spécialité, créée au sein de la brigade criminelle, décrypte les nouvelles menaces.

Des sections spécialisées face à l'hydre djihadiste

*Par Christophe Cornevin**

Pièce majeure sur l'échiquier de la lutte contre les poseurs de bombes, la section antiterroriste s'est démultipliée pour s'ériger en trois sections spécialisées. Elles œuvrent en première ligne notamment dans la traque de l'islam radical. Des attaques sur les Champs-Élysées à celle perpétrée au pied de Notre-Dame, en passant par la découverte d'un laboratoire d'explosifs dans le Val-de-Marne, ces enquêteurs de l'ombre sont sur tous les fronts.

En cette journée d'automne, Paris et sa banlieue charrient leur lot d'alertes habituelles. Depuis un commissariat remonte la plainte d'un sapeur-pompier qui vient de transporter un personnage très agressif. Manifestement alcoolisé, l'homme hurle qu'il veut se rendre en Syrie ou, à défaut, se faire exploser dans une zone de forte affluence. Dans le même temps, gare du Nord, la brigade des chemins de fer contrôle un fiché S qui fait l'objet d'une note de renseignement déjà nourrie. Hôtels fréquentés, voitures utilisées, numéros de portables et ceux de ses contacts, l'arborescence de ses amis, dernier contrôle pour une infraction routière : toute information le concernant et susceptible d'avoir du « potentiel » y est consignée pour être, peut-être un jour, déterminante après un attentat ou lors d'un démantèlement d'une filière. En banlieue au même moment, un employé de serres municipales déclare le vol de cinq bouteilles de gaz. L'adresse sera stockée pendant des années pour nourrir la documentation opérationnelle. Rive droite de Paris, ce sont quatre individus en djellaba qui sont aperçus par le passager d'un bus alors qu'ils transvasaient des cartons d'une voiture à une autre. Le témoin a noté une immatriculation. L'information est d'autant plus intéressante qu'un des protagonistes, agent de la fonction publique, a été fiché S en 2012 pour son engagement dans la propagande islamiste…

LE MOINDRE DÉTAIL EST PRIS EN CONSIDÉRATION

Chaque jour, des dizaines de signalements suspects de ce type défilent sur l'écran du commandant Christophe B., chef d'une des trois sections antiterroristes (SAT) de la brigade criminelle. Transmis par mails depuis tous les services de police, en particulier ceux de la PJ ou de la direction de la sécurité de proximité de l'agglomération parisienne (DSPAP), ils sont le bourdonnement de l'islam radical qui tenaille le pays, le bruit de fond à très basse intensité d'une menace djihadiste qui peut frapper à tout moment. « *Dès qu'il y a un soupçon avec une connotation religieuse, cela tombe dans ma boîte. Je reçois une cinquantaine de messages par jour, parfois plus : il ne se passe pas une journée sans que l'on ait un interpellé qui crie "Allah akbar" sur fond d'alcool, de trouble psychologique ou lors d'un contrôle mouvementé,* raconte Christophe, dont le bureau est tapissé de cartes de Turquie ou de Syrie. *À chaque fois, la prudence est de mise car nous savons que cette interjection n'est pas forcément l'expression d'un islam radical. Pour mémoire, elles sont souvent utilisées par les supporteurs de football dans les tribunes quand un pays du Maghreb marque un but. Mais je prends tout, même les choses les plus anodines. Cela peut être un type qui regarde longuement une patrouille Sentinelle, un barbu vu en train de filmer un site sensible ou de se prendre en selfie devant un bâtiment administratif, un Tchétchène fiché S qui s'est fait arrêter pour un vol de collant de femmes… Toute information peut servir, c'est un réflexe de flic. Parfois l'affaire semble grotesque et invérifiable, mais qui oserait affirmer qu'elle ne va pas fleurir dans un ou six mois ?* » De fait, tous les suspects sont passés au tamis des bases de police, en particulier celui du fichier des personnes recherchées et du fichier des signalements pour la prévention de la radicalisation à caractère terroriste (FSPRT). Noms, numéros de téléphone, noms d'associations, d'entreprises, adresses et immatriculations de voitures… Le moindre détail est pris en considération. Chaque affaire est décortiquée pour nourrir la documentation criminelle de la brigade.

Jusqu'ici, elles n'avaient jamais entrebâillé leurs portes. Les trois sections antiterroristes - deux « opérationnelles » et une « transversale » - de la brigade criminelle, qui travaillent aussi sur les menaces en tout genre visant les plus hautes autorités de l'État, ne cessent de monter en puissance depuis 2014 et jusqu'au paroxysme des attentats de 2015. Désormais fortes de soixante femmes et hommes, elles ont été sollicitées sur les trois quarts des équipées violentes dé- »

QUARANTE ANS D'HISTOIRE

Créée en 1978 par Ange Mancini, à la demande du commissaire Marcel Leclerc, la section antiterroriste de la brigade criminelle est confrontée d'emblée au terrorisme international. Après la prise d'otages à l'ambassade d'Irak à Paris qui avait coûté, le 31 juillet 1978, la vie à l'inspecteur divisionnaire Jacques Capela, les enquêteurs du « 36 » ont enchaîné les saisines les plus sensibles. Attentat de la rue Copernic (1980), celui de la rue des Rosiers (1982), assassinat par Action directe du PDG de Renault, Georges Besse. Les policiers vont connaître un tournant historique avec l'assassinat de l'imam Sahraoui, dans le 18e à Paris, qui marqua le début de la vague islamiste de 1995.

» masquées depuis janvier sur le territoire. Parmi elles figurent des attaques commises sur les Champs-Élysées, dont l'une a coûté la vie à un policier, ou encore la mise au jour d'un laboratoire d'explosifs à Villejuif. « *Les premières affaires sont apparues dès 2012 en marge de l'affaire Merah, puis nous avons essuyé une accélération assez brutale à l'été 2013* », se souvient un commandant. Selon nos informations, pas moins de 18 filières ont été démantelées en 2014, 25 l'année suivante avant de culminer à 38 dossiers de départs vers les zones de combats en 2016. Douze d'entre eux ont été liés aux « Daech Leaks », publiant en mars 2016 dans la presse anglo-saxonne les listings de 4 600 volontaires étrangers ayant rejoint l'organisation, dont 128 partis de France.

Pour maintenir des repères constamment remis à jour dans ce maquis opaque et en perpétuel mouvement, les opérationnels de la SAT peuvent compter sur l'éclairage d'investigateurs en cybercriminalité (ICC) plutôt pointus et diplômés en relation internationale. Dans leur petit bureau encombré d'ordinateurs, ces « décodeurs » de l'islam radical incarnent le savoir-faire de la brigade. L'un d'eux, brigadier spécialiste en civilisation orientale, veille sur les sites de propagande, les groupes de parole et les échanges sur les réseaux cryptés. Maîtrisant l'arabe dialectal et littéraire sur le bout des doigts, il offre à ses collègues une précieuse expertise sur le sens des dernières vidéos de propagande, de revendications ou encore de fatwas d'Ayman al-Zawahiri, chef de file d'al-Qaida, ou encore de son rival de Daech, Abou Bakr al-Baghdadi. « *Cela permet de comprendre ce que l'on saisit en perquisitions, de deviner pourquoi tel ou tel gardé à vue a adhéré à telle ou telle mouvance ou encore d'avoir un vrai échange*

Maîtrisant l'arabe dialectal et littéraire sur le bout des doigts, un brigadier spécialiste offre à ses collègues une précieuse expertise sur le sens des dernières vidéos de propagande, de revendications ou encore de fatwas

quand un suspect se revendique du quiétisme ou parle de son attachement au "Tawhid", l'"unicité de Dieu" », lâche ce spécialiste.

À la lecture de sites proches d'ex-al-Nosra ou en entendant des « *francophones qui discutent* », les analystes de la Crim' alimentent des procès-verbaux sur les exactions de Daech, apprennent en temps réel la mort d'un chef terroriste. Ils suivent aussi les derniers échos émanant de la « Dawla », c'est-à-dire ce qui subsiste du proto-État islamique. Ils décryptent enfin la sémantique des logos, des estampilles ou des bannières blanches et noires sur lesquelles les brigades prêtent allégeance. Sur « PV », ces défricheurs ont produit des études sur la symbolique du lion, la bataille de Manbij, des profils

de prédicateurs ou encore sur l'État islamique en Libye. Autant d'éclairages particulièrement précieux pour les enquêteurs de terrain et les magistrats.
« *Ici, on vit au rythme des saisines* », raconte un capitaine qui a « *beaucoup travaillé sur des gens partis en zone irako-syrienne, soit dénoncés par des proches, soit identifiés en Turquie* ». Maintenant que Daech a perdu du terrain, la donne a changé. Chef d'un des six groupes opérationnels, il se dit « *confronté à des retours de volontaires qui veulent revenir au bercail, notamment des combattants du Cham qui entendent continuer la lutte armée car il n'y a aucune raison qu'ils s'arrêtent* ». « *Fouineurs* », « *chasseurs* », « *curieux* », animés par « *l'envie d'aller voir là où il faut pour gratter, savoir pourquoi et ne pas se contenter de simple ouï-dire* », les femmes et les hommes avec lesquels ce policier travaille sont avant tout des flics « chevronnés » qui ne suivent qu'une ligne : celle qui les mène au suspect.

ENCAISSER LA PRESSION

« *Dès qu'on a identifié un profil intéressant, nous travaillons dessus en le passant aux bases de données mais aussi en menant des surveillances pour dessiner sa journée type pour voir où et comment il vit, s'il fréquente tel lieu de culte ou tel fiché S*, raconte ce capitaine qui se souvient avoir consacré avec son équipe « *2 mois et demi d'enquête non-stop, 18 heures par jour, week-end compris, pour mettre un visage sur une affaire et mettre fin à sa liberté* ». « *C'est une "petite satisfaction" et une récompense d'aller chercher son auteur car son interpellation, avec l'appui de la brigade de recherche et d'investigation (BRI), est souvent l'aboutissement de longs efforts* », renchérit cet officier qui ne cache pas aussi la « *pointe de frustration* » que certains de ses collègues ressentent quand le terroriste est « *neutralisé* » par les unités d'intervention avant de passer entre leurs mains. « *Nous sommes bien souvent confrontés à des fanatiques avec lesquels il est quasiment impossible de discuter, convient le capitaine. En garde à vue, nous sommes souvent face à des radicalisés qui ne se reconnaissent que dans la parole d'Allah, refusent toute loi humaine et ne parlent de rien sauf de leurs motivations religieuses en citant des hadiths.* » Adossé à une armoire mouchetée de dessins représentant des impacts de balles, il se souvient encore, un brin médusé, de ce gamin de 16 ans qui, en audition dans son bureau et en présence de son avocat, lui avait froidement promis de le tuer s'il pouvait s'emparer de son arme de service.

Soumis à une extraordinaire pression notamment liée à la violence des scènes de crime conjuguée à l'hypermédiatisation d'enquêtes suivies à la loupe par les plus hautes autorités de l'État, l'antiterrorisme suscite des vocations. « *On y va parce que les gars y croient et ont le sentiment d'être au cœur de l'actualité*, note un policier. *Par ailleurs, cela offre un peu de confort de travail puisque les sociétés de téléphonie ou les bailleurs sociaux sont particulièrement réactifs lorsque nous les sollicitons...* » Les hommes du « New 36 » affichent un palmarès à faire pâlir leurs homologues de Scotland Yard. Si certains entrevoient la « *fin du cycle Daech* » comme il y a eu celle du Front islamique du salut (FIS), du Groupe salafiste pour la prédication et le combat (GSPC) ou d'al-Qaida au Maghreb islamique (Aqmi) dans les années 2000, tous savent que la fin du terrorisme islamiste n'est ni pour demain, ni pour après-demain. ■

**Article paru dans* Le Figaro
le 25 octobre 2017.

En cas de crise majeure, la brigade criminelle peut faire appel au renfort de plus de 2 000 policiers spécialisés habituellement dans les affaires de droit commun, les préparant dès leurs formations aux consignes et schémas d'actions nécessaires pour évoluer dans le chaos d'une scène d'attentat.

Former la police de droit commun aux pratiques antiterroristes

*Par Christophe Cornevin**

La brigade criminelle peut prendre en compte un, voire deux attentats selon son ampleur mais pas davantage. S'il y a plusieurs attaques simultanées commises à l'explosif et des assassinats de masse perpétrés à l'arme automatique, comme le 13 novembre 2015, les policiers déclenchent le plan « multi-attentats ». Il a été échafaudé au sein de la Préfecture de police après les frappes de Madrid et Londres en 2005. Dans ce cas, ce n'est plus toute la Crim' mais plus de 2 000 personnes de la police judiciaire de Paris qui se mobilisent en deux heures pour appuyer les primo-intervenants et gérer certaines scènes. Issus des services territoriaux, des brigades de protection des mineurs, de la répression du banditisme ou encore des stupéfiants, ces policiers spécialisés habituellement dans les affaires de droit commun sont tous édifiés aux méthodes de l'antiterrorisme par la brigade criminelle, où deux officiers animent le discret groupe de recherche, d'investigation et de formation (Grif). *« L'idée est de préparer psychologiquement les collègues à évoluer dans une scène de guerre car si on perd ses moyens, on commet des erreurs »*, explique un commandant.

Affichant vingt-sept ans d'ancienneté à la Crim', cet officier se souvient de ce funeste jour de décembre 1996 où, après l'attentat de Port-Royal, il avait dû faire en jean et blouson de cuir durant près de trente-six heures les constatations dans une rame de RER transformée en charnier. Depuis lors, la prise en compte des scènes de crime n'a plus rien à voir. Lors de sessions de formations dispensées à l'école de police de Vincennes et intégrant à chaque fois plus d'une centaine de policiers, les experts du Grif débroussaillent avec méthode le dernier état de la situation géopolitique au Levant, décrivent les principaux vecteurs de propagande de Daech. Ou montrent encore des « fiches d'embauche » de l'organisation terroriste où les candidats doivent cocher l'une des cases « *martyr* », « *combattant* » ou encore « *kamikaze* ». Puis, pendant trois heures de cours en salle, les « instructeurs » de la brigade criminelle livrent au travers de 200 diapositives toutes les consignes et schémas d'actions nécessaires pour évoluer dans le chaos d'un théâtre parsemé de victimes. Quand celui-ci est trop vaste, les policiers n'hésitent pas à s'inspirer de méthodes archéologiques, et opèrent sur un plan hippodamien, qui vise à diviser la zone d'attentat en « *carrés de constatations* » afin de « *faire travailler plusieurs équipes de front* ». Objectif : accélérer le processus tout en garantissant la conservation des traces et indices grâce à l'aménagement d'un « *couloir de déambulation* ». Au Bataclan, découpé en une dizaine de zones, plus de dix-sept heures de constatations avaient été nécessaires après la neutralisation du commando terroriste.

« Nous cherchons à ce que les enquêteurs appelés en renfort aient les bons réflexes au moment de numéroter les scellés, de prélever certains indices, tracer la provenance des cadavres, veiller au risque de surattentat lié à la présence de gilets piégés ou encore de grenades »

LES BONS RÉFLEXES SUR UNE SCÈNE DE CRIME

« *Nous cherchons à ce que les enquêteurs appelés en renfort aient les bons réflexes au moment de numéroter les scellés, de prélever certains indices, tracer la provenance des cadavres, veiller au risque de surattentat lié à la présence de gilets piégés ou encore de grenades encore activées* », résume ce commandant. Au passage, les cours rappellent certaines erreurs à ne plus commettre, comme celle de ne pas rendre « *étanche* » la scène de crime comme lors de l'attentat de la rue de Rennes, bondée de badauds le 17 septembre 1986. Ils soulignent aussi que des indices peuvent se retrouver parfois loin de l'épicentre, à l'image de ce couvercle de poubelle renfermant la bombe ayant explosé le 6 octobre 1995 près de la station de métro Maison-Blanche : sous l'effet du souffle, il était passé au-dessus d'un immeuble avant de retomber dans une rue voisine.

Lors d'un exercice pratique, les stagiaires peaufinent leur formation en se livrant à des exercices dans un bus à bord duquel sont disposés mannequins, grenades, armes ou autres détonateurs. Quand le ballet des enquêteurs est lancé le jour J, la brigade criminelle reste la coordonnatrice de l'action. ■

**Article paru dans* Le Figaro *le 27 octobre 2017.*

Ange Mancini L'histoire d'un superflic

ANGE MANCINI, UN GRAND FLIC À L'ANCIENNE.

Alors que l'unité qu'il a lancée s'apprêtait à célébrer ses 35 ans, le premier patron du Raid acceptait, il y a un an à peine, de revenir sur sa carrière à bien des égards exceptionnelle.

*Par Christophe Cornevin**

Derrière son regard en meurtrière, son verbe fleuri et sa mine parcheminée tout droit sortie des *Tontons flingueurs*, Ange Mancini est l'archétype du grand flic à l'ancienne. Une de ces figures de légende dont on a cassé le moule et qui, cependant, ont marqué l'histoire de la police. De son étincelante trajectoire tracée dans l'ombre tutélaire d'un autre « seigneur », Robert Broussard, le public ne sait rien ou presque. Et pourtant. Ce fils d'un maçon d'origine italienne et d'une femme de ménage, né sur les hauteurs de Monaco neuf jours après le débarquement en Normandie, a gravi tous les échelons jusqu'à devenir préfet de la République. Son destin pourrait donner matière à une saga hors norme où s'entremêlent les coups d'éclat, des histoires d'hommes, l'odeur de la poudre et des secrets d'État. Il aura fallu plus d'un demi-siècle pour que le « poulet » rompe le silence. Et qu'il prenne enfin la plume pour raconter, avec la complicité de son ami historien le contrôleur général Charles Diaz, une passionnante odyssée du Raid, l'unité qu'il a forgée il y a bientôt trente-cinq ans.

I 200 VOLONTAIRES POUR 80 PLACES

Quand le sujet vient sur le tapis, le visage d'Ange Mancini s'anime avec gourmandise. Nous sommes en 1985. « *Pierre Joxe, alors ministre de l'Intérieur, voulait créer la Formule 1 de la police nationale, à bord de laquelle tout flic devait rêver d'embarquer,* se souvient Ange Mancini. *On lance un télégramme à tous les services et l'on se retrouve avec 1 200 volontaires pour 80 places.* » Profil recherché ? « *Le style bûcheron canadien, solide et bien dans sa tête* », mais aussi des « *types de 65 kg qui grimpent aux murs, des plongeurs, des parachutistes, des furtifs experts en filature, des tireurs d'élite ou encore des as de la négociation* ». « *Avec l'appui de psys, ce qui était une première dans la police, nous avons regroupé un groupe de spécialistes car le Raid va au-delà de la simple intervention, c'est un outil de résolution des crises,* résume Ange Mancini. *À la fin des sélections, on avait retenu 80 "caractériels" avec lesquels j'aurais interpellé le diable en enfer.* »

Dès Noël 1985, l'unité se distingue en arrêtant au terme de trente-sept heures de négociation deux fondus qui avaient pris en otage la cour d'assises de Nantes. Cette fois encore, Broussard et

Mancini sont à la manœuvre. En février 1987, le patron du Raid revient du ski avec les deux bras dans le plâtre. Il reçoit un coup de fil de Robert Pandraud, le ministre délégué à la Sécurité aux côtés de Charles Pasqua, qui lui dit juste : « *Les loups sont dans la bergerie.* » En trois heures, Mancini rameute une trentaine de ce qu'il nomme ses « *raideurs* » et encercle la ferme de Vitry-aux-Loges (Loiret) où sont cachés les leaders d'Action directe Jean-Marc Rouillan et Nathalie Ménigon. Leur interpellation en douceur fait entrer l'unité dans la légende. Celle-ci restera à jamais dans l'esprit des Français, après la neutralisation d'une partie des terroristes du 13 novembre 2015.

Mais Ange Mancini, vieux routier de la « négo », ne claironne jamais. Loin de la fièvre des gazettes qui étalent à la une les quatre lettres de son unité, le père du Raid, qui rechigne à parler d'« élite », aime à rappeler que « *le plus dur n'est pas de gérer l'exceptionnel mais le quotidien* ». Pour Mancini, ce dernier palpite à chaque instant. Affichant une éternelle fausse nonchalance, l'homme tutoie l'exceptionnel et sa vie de flic ne cesse d'épater. Même les circonstances « accidentelles » de son entrée dans la Grande Maison, en 1966, piquent d'emblée l'intérêt. « *Avec un copain, on allait répondre à une petite annonce dans* Le Figaro *pour devenir chauffeurs routiers quand notre voiture a eu un accrochage au pied de Notre-Dame,* glisse-t-il avec malice. *Pendant que mon ami faisait le constat, je suis allé en face, à la Préfecture de police, pour voir s'ils embauchaient. À l'époque, c'était le plein-emploi, on m'a déroulé le tapis rouge.* »

EXCEPTIONNELLE QUALITÉ D'ÉCOUTE

Certes, son recrutement aux antédiluviennes archives de la police judiciaire parisienne, au 36, quai des Orfèvres, est aussi prétexte à de réjouissantes anecdotes. Mais ses premières armes au commissariat du quartier du Roule jusqu'à son arrivée à la prestigieuse brigade criminelle, où il crée la section antiterroriste à la demande de son « patron » Marcel Leclerc, dessinent les contours d'un destin hors norme. Tout comme ses deux ans passés à la tête de la PJ en Corse, où le groupe opérationnel qu'il a mis sur pied a permis l'interpellation d'une cinquantaine de nationalistes armés et une chute des attentats dans l'île, passant de 813 à 350. Inoxydable, Ange Mancini poursuit son ascension sous la gauche et la droite. N'aspirant pas à la sinécure, il est bombardé préfet de la République tour à tour en Guyane, dans les Landes et en Martinique. Là, « l'homme de crise » usera de son exceptionnelle qualité d'écoute pour désamorcer la fronde indépendantiste.

À 66 ans, l'infatigable aurait pu faire valoir son départ à une légitime retraite. À la demande de Nicolas Sarkozy, il s'offre un ultime tour de piste comme coordonnateur national du renseignement. Un poste ultrasensible où il coordonnera l'action des 12 000 policiers et militaires de l'ombre. Jamais pris au dépourvu, même dans cette communauté feutrée et parfois venimeuse, Ange est, comme le confesse un ex-cador de la PJ, de ceux qui survivraient « *en plein désert juste avec une poignée de dattes* ». Sa recette ? « *L'optimisme ! Si au moindre problème on baisse les bras, c'est foutu. En chaque homme réside toujours le moyen de faire mieux.* » Davantage que la testostérone, la sagesse est gage de longévité. Ange le bien nommé en est l'incarnation. ■

BIO EXPRESS

1944. Naissance à Beausoleil, dans les Alpes-Maritimes.
1966. Entre au 36, Quai des Orfèvres.
1983. Directeur de la PJ d'Ajaccio.
1985. Directeur du Raid.
2007. Préfet de Martinique, il désamorce une crise indépendantiste.
2011. Nommé coordonnateur national du renseignement.

Article paru dans Le Figaro *le 27 novembre 2019.*

Forte de 34 000 agents, dont 28 000 policiers, la « PP » pèse un quart de la police nationale. Elle a dû céder des prérogatives de police municipale à la ville de Paris et reste cependant un bastion. Est-elle menacée ?

Préserver la singularité de la préfecture de police de Paris

*Par Jean-Marc Leclerc**

Quelle institution singulière que la préfecture de police (« PP ») de Paris ! Tellement singulière qu'elle doit rentrer dans le rang. C'est en substance l'analyse de la Cour des comptes, qui vient de rendre un rapport de 201 pages des plus instructif sur la fameuse PP. Le propos se veut ambitieux : « Réformer pour mieux assurer la sécurité de l'agglomération parisienne. » Déjà, des préfets se demandent en quoi des magistrats financiers sont compétents pour juger d'une bonne stratégie policière, puisqu'ils sont avant tout vérificateurs du bon usage des deniers publics. Leur rapport, en tout cas, est une mine. Il rappelle d'abord que, depuis 2009, la PP est sortie de ses murs pour rayonner sur trois départements de la petite couronne (92, 93, 94). Elle a élargi en 2016 ses prérogatives de coordination, notamment en matière de sécurité publique, sur toute l'Île-de-France. La sécurité des aéroports de la région parisienne lui échoit depuis 2017. Au total, 34 000 agents sont placés sous son autorité, dont 28 000 policiers, un quart des effectifs en tenue de la police nationale. Pour faire bon poids, la PP va céder ses prérogatives de police municipale à la ville. Cela a déjà commencé. Elle reste cependant un bastion, mais pour combien de temps ? Les salves que lui envoie la Cour des comptes sont sévères. On apprend dans son rapport que le nombre d'agents dans la rue a diminué ces dernières années dans l'agglomération parisienne : 878 policiers à l'instant T sur la voie publique, contre 1 126 en 2014. Paris intra-muros connaît « *la dégradation la plus marquée* » : 273 policiers présents à l'instant T en 2018, contre 439 en 2014. Une hémorragie !

À lire ce rapport, la PP ressemblerait presque à un bateau ivre. Elle serait « *le miroir grossissant des difficultés que connaît la police nationale* ». Paris et sa banlieue, c'est 20 % des violences et des atteintes aux biens constatées en France, 10 % des homicides, 11 % des cambriolages. Un cas à part dans le pays, siège des institutions, traversé par des flux quotidiens de 1,2 million de personnes, en plus de la population résidente. La PP gère plus de 8 000 manifestations par an. D'où sa direction spécifiquement dédiée à l'ordre public et à la circulation. L'agglomération concentre, enfin, plus d'un tiers des étrangers en situation irrégulière en France. Ses difficultés sont à l'aune de sa masse critique, énormes. Elle perd de son attractivité et voit partir les cadres aguerris que l'on remplace par des « sortis d'école », sujets eux-mêmes à une rotation folle. Ses états-majors centraux aux effectifs pléthoriques compteraient trop de policiers occupés à des tâches administratives et redondantes. Sa police de quartier serait morcelée en circonscriptions, districts et points d'accueil. Trop d'agents rivés au bureau au détriment de la police secours ou de la police anticriminalité. Autre tare, et non des moindres : une pénurie d'officiers de police judiciaire.

La Cour des comptes a tranché : la PP est trop centralisée. Et la potion qu'elle recommande serait radicale : rendre aux préfets de département leurs plein pouvoirs de police ; rattacher la mythique PJ parisienne à la direction centrale de la PJ, bref à un échelon encore plus centralisé. Et pourquoi pas demain mettre la PJ sous la coupe du ministère de la Justice ? Le diagnostic est argumenté, mais les préconisations pas toujours lisibles ou convaincantes. Une chose est sûre : si Sarkozy avait unifié le commandement de la police d'agglomération parisienne, c'était pour tirer les leçons des émeutes de 2005. Et pour muscler notamment les effectifs de la Seine-Saint-Denis. Pour en finir avec les baronnies et raisonner au niveau de la plaque urbaine.

La PJ-PP a été dépecée de ses commissariats de quartier, qui drainaient le petit judiciaire

La PJ-PP ? Elle était un pôle d'excellence autrefois. Elle est en crise aujourd'hui. Mais à qui la faute ? La réforme de la « police de proximité », au tournant des années 2000, l'a dépecée de ses commissariats de quartier, qui drainaient le petit judiciaire. Le regretté commissaire Le Taillanter l'avait prédit alors : « *La PJ, c'est cette puce à laquelle on arrache une à une les pattes, et, quand elle ne pourra plus sauter, on dira qu'elle est devenue sourde.* » Nous y sommes. ■

**Article paru dans* Le Figaro *le 18 décembre 2019.*

Maurice Grimaud
Le préfet irréprochable de Mai 68

L'EX-PRÉFET MAURICE GRIMAUD, À PARIS EN 2008.

Le préfet de police de Paris de mai 1968 restera ce grand commis « qui empêcha le bain de sang » lors des « événements ». Émouvante rencontre.

Par Jean-Marc Leclerc

« E*h bien, Fouchet, il est possible que, parmi ces farfelus de la Sorbonne, il y en ait certains qui n'aient pas tort.* » Maurice Grimaud, le préfet de police de Paris en mai 1968, revit la scène les yeux fermés. Assis dans son fauteuil, une canne à la main, il refait machinalement la voix de De Gaulle. Il revoit Christian Fouchet, alors ministre de l'Intérieur, lui annoncer, visiblement désarçonné : « *Vous ne devinerez jamais ce que vient de me dire le Général !* » Le préfet Grimaud a 95 ans en mai 2008. Il a vécu la fronde étudiante de l'autre côté des barricades. Il ne voudrait pas être mis en opposition avec l'actuel chef de l'État qui appelle à « *liquider Mai 68* », mais il est bien forcé de le dire : de Gaulle lui-même avait « *évolué* » dans son appréciation des événements. Il faut imaginer, dit-il, la fièvre de ces soirs d'émeute, un pouvoir qui hésite, des ministres fébriles. Le préfet de police est alors le garant de la continuité de l'État. Le seul personnage de ce rang à venir dans la rue prendre le pouls de la contestation. Son pragmatisme va séduire Pompidou, soucieux, comme lui, d'enrayer l'engrenage de la violence. Pour l'histoire, il est l'homme du « miracle » de cette révolte qui ne fit aucun mort. Et pourtant, il y en eut un, dont personne ne parle, atteint par les éclats d'une grenade, le 24 mai 1968, au plus fort des troubles. « *Il n'appartenait à aucun mouvement extrémiste* », se souvient le préfet. Les circonstances de ce décès restent mystérieuses.

Paris reste néanmoins l'exception en ces temps d'agitation intense, où le mouvement étudiant releva quelque 200 morts au Mexique, tandis que la Garde nationale tirait aux États-Unis, faisant 43 morts à Detroit et 26 à Newark. De Gaulle dira, un jour de 1969, à l'épouse du préfet, Jeanne, entourée de ses cinq enfants : « *Je n'oublierai pas ce que votre mari a fait en un moment difficile.* »

Au soir de sa vie, Maurice Grimaud a la modestie de croire que « *si la situation n'a pas dégénéré dans la capitale, nous le devons au professionnalisme des policiers de la PP, cette institution rompue à la gestion des crises depuis Napoléon* ». Il fallait aussi oser écrire, comme il le fit, personnellement, à ses troupes, le 29 mai 1968, au lendemain des journées les plus dures : « *Frapper un manifestant tombé à terre, c'est se frapper soi-même en apparaissant sous un jour qui atteint toute la fonction policière.* » C'est donc le « préfet humaniste » que l'on célèbre en ces temps de commémoration.

« *Je suis très flatté de ces jugements... qui ne sont pas faux* », s'amuse le vieil homme. En quelques semaines, ces jours-ci, il aura ainsi vu se succéder à son domicile parisien, près du lycée Buffon, des hôtes inattendus comme Cabu, le dessinateur de *Charlie Hebdo*, ou Cohn-Bendit, alias Dany le Rouge, qu'il appelle maintenant Daniel et dont il salue l'intelligence espiègle. Même Regis Debray, l'ancien compagnon du « Che », tresse des couronnes au préfet. Au fond, les étudiants idéalistes d'hier et celui que le sort avait placé à la tête de la police parisienne en Mai 68 étaient-ils si différents ? Paradoxalement, le « préfet des barricades » n'a jamais aspiré à diriger les forces de l'ordre. « *Ce n'était ni ma vocation ni même mon choix* », confie-t-il, sans artifice. L'exercice occulte du pouvoir l'a toujours révulsé. « *Le grand danger des affaires policières, c'est le secret* », dit-il, à l'encontre des idées reçues. Son expérience lui a appris que « *le grand public croit finalement que, derrière ces silences, se dissimulent d'inavouables manœuvres* ». Or, selon lui, « *quand on a vécu près de la réalité policière et politique, on penche plutôt pour l'explication la moins flatteuse, que le secret dissimule le plus souvent un échec* ».

Grimaud est de cette race des préfets de haute stature intellectuelle, amoureux de Tocqueville et de Barrès, mais aussi de Dada et des surréalistes, imprégné du sens de l'État et, finalement, peu impressionnable. Étudiant dans les années 1930, il a milité dans les rangs d'une gauche antifasciste autrement plus résolue que celle des adeptes de l'« interdiction d'interdire ». Cet Ardéchois, petit-fils du maire d'Annonay, voulait être journaliste ou diplomate. Les circonstances en ont décidé autrement. Du Maroc à l'Algérie, il vécut d'abord les luttes intestines entre gaullistes et pétainistes. La fin de la guerre le mena à Baden-Baden, dans l'équipe chargée d'administrer l'Allemagne déchue, avant de partir pour Genève comme conseiller à l'Organisation internationale pour les réfugiés. Séduit par Mendès France, il croisera la route de Mitterrand en 1955 à l'Intérieur. Là est sans doute la filiation. Préfet classique des Landes, de la Savoie, de la Loire, il aime « *le contact avec les gens* ». Si on le choisit comme directeur de la sûreté nationale en 1963, c'est que l'OAS, dont il connaît si bien les racines de l'autre côté de la Méditerranée, met Paris à feu et à sang. En 1967, sa mission accomplie, il remplace Papon à la préfecture de police de Paris. Defferre aura encore besoin de lui, de ce préfet incontestable, comme directeur de cabinet après 1981, pour faire passer sa réforme de la décentralisation, qui rogna les ailes des préfets.

Cet Ardéchois, petit-fils du maire d'Annonay, voulait être journaliste ou diplomate

Même au temps peu glorieux de la chasse aux sorcières dans la police, au début des années 1980, il tentera de calmer le jeu, fidèle à ses principes. Son échec à Normale Sup hante toujours sa vie. Il rêvait de la Rue d'Ulm. Il resta le préfet de la Sorbonne rendue aux « babas cool ».*

Maurice Grimaud est décédé le 16 juillet 2009. À chaque fois que les libertés publiques sont en jeu dans la capitale, comme, par exemple, au temps des « gilets jaunes » sous Macron, sa sagesse proverbiale inspire les discours les plus progressistes qui condamnent l'usage de la force. ■

**Article paru dans* Le Figaro *le 15 mai 2008.*

À l'heure des réseaux sociaux et de la vidéosurveillance à grande échelle, savoir exploiter le flux numérique pour en tirer les informations utiles aux enquêtes, ainsi qu'à la prise de décisions, est devenu un enjeu clé.

L'art de puiser dans l'océan d'informations du big data

*Par Jean-Marc Leclerc**

Webdrone. C'est le nom d'une petite société, située à deux pas de la Madeleine, à Paris. Elle emploie une poignée d'experts et d'ex-cybergendarmes qui passent le plus clair de leur temps à enquêter pour le compte de riches clients, victimes notamment de contrefaçon ou de campagnes de dénigrement sur internet. Ces privés travaillent à l'aide d'un e-drone, ou drone virtuel, c'est-à-dire un algorithme sophistiqué qui permet de matérialiser des réseaux organisés sur la base des informations qu'il puise sur internet. Le programme cherche dans les pages, indexées ou non indexées, mais aussi dans le darknet, accessible essentiellement aux initiés qui en connaissent les chemins d'accès.

« *On entre quelques éléments d'investigation, comme des pseudos ou des avatars, et le système identifie toutes les traces numériques dans les trois couches du web et sur les réseaux sociaux* », explique Hervé, l'un des piliers de l'équipe. On pourrait imaginer que seuls les acteurs du luxe ou de l'industrie pharmaceutique ont recours à ce type de services. Mais rien n'empêche des magistrats d'y recourir par le biais de l'expertise judiciaire. Le pli est déjà pris. En tout état de cause, l'investigation numérique se privatise en raison de la croissance exponentielle de la cybercriminalité. Les services de l'État s'intéressent de près à des outils automatisés comme ceux de Webdrone pour les aider à lutter contre ce fléau. Les activités de captation et d'analyse des flux numériques ont manifestement de beaux jours devant elles.

Gotham cartographie les réseaux criminels et terroristes en extrayant toutes les données numériques possibles. Pour chaque suspect, il dresse une fiche

DÉBUSQUER DES PROFILS INQUIÉTANTS

D'autres technologies se développent, même si elles alimentent bien des fantasmes. La police et la gendarmerie recourent ainsi à la reconnaissance faciale, pratique parfaitement légale dans les enquêtes pénales ou lorsque la sécurité nationale est en jeu. Les forces de l'ordre travaillent à partir du traitement des antécédents judiciaires (TAJ), qui contient les fiches de près de 19 millions de personnes mises en cause au fil des enquêtes et des plaintes, avec déjà 8 millions de photos associées. À terme, Beauvau espère pouvoir consulter le fichier des personnes recherchées (FPR, qui contient aussi les fichés S) à partir d'une simple photo, même prise sur le vif à l'occasion d'un contrôle dans la rue ou à la frontière. La tablette Neo, distribuée dans toutes les unités, pourrait servir de vecteur pour effectuer et diffuser les prises de vues à confronter à la base.

Face à l'urgence antiterroriste, après les attentats de 2015, les services de renseignement ont pu se procurer, pour leur part, des outils jusqu'alors inaccessibles. La Direction générale de la sécurité intérieure (DGSI) a acheté des licences de la société américaine Palantir, géant du big data. Ses logiciels phares, Gotham et Foundry, ont rencontré un vif succès. La CIA a porté ces projets et en retire aujourd'hui pleinement le bénéfice. Gotham cartographie les réseaux criminels et terroristes en extrayant toutes les données numériques possibles. Pour chaque suspect, il dresse une fiche qui recense tout de sa vie et de son environnement traçable. Ce super traitement aide à débusquer, en quelques secondes, des profils inquiétants qui auraient sans doute échappé à la sagacité des agents. Les dossiers de travail se partagent et sont corrigés par les enquêteurs, en fonction de leur droit d'accès. Un pas vers la police prédictive, celle qui permet, en principe, d'intervenir avant la commission de l'acte, par une mise en relation des signaux les plus faibles ?

Foundry est davantage utilisé par les grandes sociétés privées. Il mouline si vite tant d'informations dans toutes les ⏩

» langues qu'il permet, par exemple, en un temps record, de détecter des pièces d'avion ou d'automobile défaillantes ou susceptibles de poser problème. L'esprit humain aurait mis des mois pour résoudre ces équations.

L'intelligence artificielle (IA) exerce une indéniable fascination. Elle entretient l'espoir de meilleurs résultats au ministère de l'Intérieur comme à la Chancellerie, sur des questions de tous les jours. Où et quand positionner sa patrouille pour être plus efficace contre les cambriolages ? Faut-il refuser telle visite à tel détenu, à tel homme violent de s'approcher de son ex ? En quoi, au fond, la machine peut-elle aider le policier ou le magistrat à rendre ses décisions plus rapides et plus sûres ? Réduire les risques par des calculs de probabilité basés sur une immense quantité de données, sans cesse rafraîchies, a de quoi faire rêver. Cette méthode fonctionne déjà outre-Atlantique, comme une assistance à la décision pour lutter contre la récidive. Le juge est cependant censé conserver totalement son libre arbitre.

En France, le débat sur ces nouveaux outils s'ouvre à peine. « *En toile de fond, il y a la relative impuissance des politiques publiques à réduire l'insécurité* », concédait, en 2020, Jean-Luc Besson, alors criminologue à l'Observatoire national de la délinquance et des réponses pénales (ONDRP). La violence venait encore cette année-là d'augmenter de 8 % en un an. Le taux de résolution des vols avec effraction ne dépasse toujours pas un fait sur dix. La délinquance de masse asphyxie les tribunaux. Au TGI de Bobigny (Seine-Saint-Denis), le parquet assurait récemment que sa cinquantaine de magistrats avait en charge 170 000 affaires. Plus de 3 000 dossiers par magistrat ! Dans le même temps, l'ONDRP affirmait l'an dernier que seulement 41 % des victimes de vols avec violence et 32 % des victimes de vols simples se déplacent auprès des autorités pour signaler le délit, tandis qu'un quart des victimes de cambriolage renonce à porter plainte.

En Europe, l'Estonie expérimente une sorte de « juge robot » pour les litiges au préjudice inférieur à 7 000 euros. Ses décisions sont susceptibles d'appel devant une cour humaine

Comment améliorer le rendement et vaincre la défiance qui s'installe chez le justiciable ? En Europe, l'Estonie expérimente une sorte de « juge robot » pour les litiges au préjudice inférieur à 7 000 euros. Ses décisions sont susceptibles d'appel devant une cour humaine. L'objectif est de résorber le contentieux des affaires de faible gravité. Plus spectaculaire encore, à Dubaï, pour parfaire l'accueil dans les commissariats, la police teste une version modifiée du robot autonome humanoïde Reem, de Pal Robotics. Il comprend neuf langues, transmet les plaintes, peut effectuer une surveillance vidéo et utilise la reconnaissance faciale. Cet émirat espère voir les robots composer un quart de ses « effectifs » de police d'ici à 2030. La France ne s'engagera évidemment pas dans cette voie. Les Robocop y sont mal vus. Quant à augmenter la productivité judiciaire par des machines, est-ce bien raisonnable au pays des droits de l'homme ? « *Nous rendons des décisions à tour de bras,* rappelle un haut magistrat. *Le problème, c'est que beaucoup ne sont pas exécutées, ce qui rend déjà notre justice en partie virtuelle.* »

En Chine, la police peut localiser, en 7 minutes, n'importe qui sur le territoire grâce à un maillage vidéo reposant sur 170 millions de caméras dites « intelligentes »

ROBOTISATION DES TÂCHES

Le mouvement de robotisation des tâches est cependant inéluctable. Les caméras, par exemple, ont envahi l'espace public. « *L'augmentation des flux de personnes sur la voie publique réclame une augmentation des capacités de contrôle qui ne peut être assumée uniquement par les moyens humains* », estime Jean-Luc Besson. L'œil ne peut détecter une situation atypique au-delà de huit flux vidéo simultanés. Qui peut assurer le tri des images, si ce n'est une intelligence nourrie aux algorithmes ? En Chine, la police est en mesure de localiser, en sept minutes, n'importe qui sur le territoire grâce à un maillage vidéo reposant sur 170 millions de caméras dites « intelligentes ». La société chinoise LLVision a développé, de son côté, des lunettes à reconnaissance faciale qui permettent aux agents qui les portent de confondre des délinquants croisés en chemin. L'image est confrontée en 100 millisecondes à une base de données de 10 000 suspects. Un simple test effectué en gare de Zhengzhou (700 km au sud de Pékin) a permis, en un rien de temps, d'arrêter vingt-six usurpateurs d'identité et de retrouver sept personnes recherchées.

Jusqu'où ira l'apport de l'IA à la sécurité du quotidien ? Aux USA, pour tenter de prédire l'activité criminelle dans une rue, des expériences ont été menées à San Francisco à partir du flux d'informations de Twitter. La machine analyse ainsi la sémantique de tweets géolocalisés en temps réel. « *Un ordinateur, un œil électronique, des lignes de programme, ne remplaceront jamais le bon vieux flair du policier ni l'expérience du terrain* », met en garde un commissaire chevronné de PJ. Lui, dit redouter « *une forme de déresponsabilisation des enquêteurs, trop dépendants des machines* ». Il n'empêche que la révolution numérique est en marche. Elle a bouleversé les modes de communication et d'action du public. Elle impose aux forces de sécurité de suivre le mouvement. ■

**Article paru dans* Le Figaro *le 7 février 2020.*

Le flux ininterrompu de la petite délinquance promet des jours difficiles aux hommes de la PJ quand une partie de ces apprentis voyous sera montée en graine. « Le Figaro » dévoile un document choc.

Quand l'ultraviolence des plus jeunes déferle

*Par Jean-Marc Leclerc**

Les « bulletins quotidiens » du Centre national de l'information et de la coordination de la Direction centrale de la sécurité publique (DCSP) dressent, jour après jour (à l'exclusion de la situation parisienne, analysée dans ses propres notes), le sombre tableau des incidents, délits et crimes survenus sur le plan national en zone police. Celui du 14 mars, par exemple, rappelle les faits de la veille, c'est-à-dire ceux commis dans la foulée de l'assassinat de la petite Alisha par des camarades de classe à Argenteuil (Val-d'Oise). Déjà, ce week-end-là, on apprenait qu'à Créteil (Val-de-Marne) cinq délinquants de 16 et 17 ans venaient d'être mis en examen (trois écroués et deux placés sous contrôle judiciaire) pour tentative de meurtre, violences aggravées ou complicité. Les tortionnaires en herbe sont ici suspectés d'avoir frappé, tiré au pistolet à plomb et à coups d'arme à impulsion électrique sur un gamin de 12 ans pour le « punir » de s'être laissé intimider par une bande rivale. Le bulletin de la sécurité publique déroule les événements quasiment heure par heure pour la journée du 13 mars :

15 h 35. Au Mée-sur-Seine, près de Melun (Seine-et-Marne), les policiers sont « *requis pour une vingtaine de jeunes (...) venus dans le secteur pour en découdre* ». Jets de projectiles sur les forces de l'ordre, réplique par un tir de grenade lacrymogène. Les agents découvrent sur le lieu de la rixe un mineur de 13 ans blessé au genou.

16h30. Dans le « quartier de reconquête républicaine » des Lochères, à Sarcelles (Val-d'Oise), une vingtaine d'adolescents se battent à coups de bâtons et de battes de baseball. Bilan : deux arrestations.

16h35. Toujours à Sarcelles, « *secteur Saint-Saëns* », un autre attroupement d'« *une quinzaine d'individus vêtus de noir et armés de battes de baseball et de béquilles* » requiert l'intervention de la brigade spécialisée de terrain (BST). Une partie de la panoplie guerrière est saisie, dont un mortier de feu d'artifice. Sur cinq interpellés, deux sont placés en garde à vue et trois remis à la personne « *civilement responsable* ».

17h30. À Corbeil-Essonnes (Essonne), bataille rangée rue de la Papeterie. Quarante belligérants issus des quartiers rivaux de Montconseil et de La Nacelle s'écharpent. La police doit faire un usage intensif de moyens de défense et interpelle un suspect porteur d'une barre de fer. Un mineur de 16 ans est blessé au visage lors de ces affrontements entre ados.

18h10. À 500 kilomètres de là, à Vénissieux (Rhône), les policiers aperçoivent un groupe de jeunes mettant le feu à une poubelle sur la chaussée. Ils essuient de nombreux jets de projectiles. Riposte, intervention. Trois adolescents âgés de 11, 12 et 13 ans sont interpellés et remis à leurs parents.

18h30. À Morsang-sur-Orge (Essonne), rixe devant le square Louise-Michel. Huit mineurs sont interceptés, tous âgés de 15 ou 16 ans. Objets saisis : couteaux, poing américain, mortier de feu d'artifice, pistolet d'alarme.

19 heures. Le soir tombe. À Compiègne (Oise), une patrouille se trouve face à « *vingt jeunes hostiles* ». Tirs de lanceur de grenade Cougar et de lacrymogène MP7. Aucun blessé, aucune arrestation.

19h25. À Lyon, encore un attroupement d'une vingtaine de jeunes belliqueux. Tirs de LBD et de Cougar à nouveau. Un ado de 17 ans est interpellé, mais aucune vidéo ne peut être exploitée pour l'enquête.

20 heures. À Vigneux-sur-Seine (Essonne), le rassemblement qui occupe la police comprend « *cinquante jeunes sur la voie publique à l'occasion d'un tournage de clip de rap non déclaré* ». Quelques mortiers sont lancés en l'air durant la dispersion par la police. En plein couvre-feu, rappelons-le. Tandis que deux fêtes sauvages de 150 personnes chacune, dont l'une dans un bar à chicha, doivent être interrompues au beau milieu de la nuit, dans les Yvelines.

Il est question de trafics de drogue, de meurtres, d'overdoses, de forcenés, du « Raid mis en alerte », de la « découverte d'un homme décédé à son domicile, un câble électrique enserrant son cou », mais aussi de tirs au 11,43, le calibre des truands, et de véhicules en fuite

Et c'est ainsi quotidiennement, sur des pages et des pages, uniquement pour les dossiers d'« ordre public ». Car le document comporte également toute l'« activité judiciaire », où il est question de trafics de drogue, de meurtres, d'overdoses, de forcenés, du « *Raid mis en alerte* », de la « *découverte d'un homme décédé à son domicile, un câble électrique enserrant son cou* », mais aussi de tirs au 11,43, le calibre des truands, et de véhicules en fuite. Comme ce week-end-là, de ▸▸

» Marseille à Toulouse, en passant par Tourcoing, Arles, Agde ou Brest. Cette fois, les auteurs désignés sont des adultes.

Consciencieusement, inlassablement, sobrement, la police retranscrit ainsi les spasmes d'un monde que l'on croirait parallèle. Il constitue pourtant la réalité de centaines de milliers d'habitants des quartiers contraints d'endurer les incivilités et les coups et blessures volontaires qui se banalisent. Il traduit également l'implication des forces de l'ordre, contrairement à l'idée reçue que certaines « zones de non-droit » seraient livrées aux voyous.

Dans les autres synthèses de la semaine écoulée, on distingue maints signaux révélateurs d'une évidente dérive : des policiers rossés lors d'une interpellation ratée à Nîmes ; dix Renault Clio volées et désossées dans le sous-sol d'une mosquée de l'Oise qui a elle-même dû signaler ce trafic ; mais aussi une bagarre au couteau entre Tunisiens à Orléans, des saisies d'armes, de cocaïne, d'héroïne, de « *balises de géolocalisation* » et de « *gyrophares bleus* », à Saint-Nazaire. N'oublions pas non plus les violences commises à Verdun, samedi dernier, dans le quartier des Planchettes, où des policiers ont été visés par des cocktails Molotov et les locaux d'une mission locale incendiés. S'ensuit le communiqué de Gérald Darmanin, qui promet sept policiers de plus cette année pour la ville. Un rituel, presque.

« Ils bénéficieront de l'impunité quasi systémique qui caractérise encore la justice des moins de 18 ans, axée prioritairement sur la réponse éducative »

« *La société craquelle et la violence des jeunes est sans doute le phénomène le plus préoccupant* », estime Olivier Boisteaux, le patron du Syndicat indépendant des commissaires de police (SICP). Le ministre de l'Intérieur a diffusé à ses préfets la trame d'un « *plan de lutte contre les bandes* », le 25 février dernier, en attendant que ses équipes étoffent la copie d'ici au 1er mai.

Les diagnostics et batteries de remèdes déjà livrés par les préfets concernés alignent les acronymes et les résolutions de bon sens, mais la police a aussi les yeux tournés vers la justice. « *Que ce soient les membres des bandes ou les mineurs étrangers isolés, qui n'ont souvent de mineurs que le nom, ils bénéficieront largement de l'impunité quasi systémique qui caractérise encore la justice des moins de 18 ans, axée prioritairement sur la réponse éducative* », se désole Fabien Vanhemelryck, le secrétaire général du syndicat Alliance (majoritaire chez les gradés et les gardiens). « *Pourtant, le mineur d'aujourd'hui n'est plus celui de 1945* », rappelle Patrice Ribeiro, numéro un de Synergie-officiers. Selon lui, « *il y a des quartiers où les jeunes sont en permanence dehors, particulièrement durant cette crise sanitaire* ».

Dans l'une des dernières productions du système d'information décisionnel pénal de la Chancellerie, la part des mineurs délinquants de 11 à 15 ans progresse sans exception sur cinq ans, tandis que celle des plus de 15 ans régresse de 58 % à 50 %. Une délinquance toujours plus jeune, donc, et qui s'endurcit. Les policiers le ressentent, pour leur part, depuis des années sur le terrain. Leurs synthèses quotidiennes ne disent pas autre chose. ■

**Article paru dans* Le Figaro *le 23 mars 2021.*

Martine Monteil
«Le rêve de tout policier»

Elle a été la première femme à avoir pris en main la brigade criminelle et levait ici le voile sur les grandes affaires dont elle eût la charge de 1996 à 2000. Sa carrière la mena ensuite à la tête de la direction parisienne puis de la direction centrale de la police judiciaire, avant d'être élevée au rang de préfète.

*Propos recueillis par Christophe Cornevin**

L'EX-PRÉFÈTE MARTINE MONTEIL. FILLE ET FEMME DE POLICIER, ELLE FIT TOMBER NOTAMMENT MADAME CLAUDE.

LE FIGARO. – Certains de vos collègues surnomment ironiquement l'équipe de la brigade criminelle les « seigneurs de la PJ ». Avez-vous le sentiment d'être jalousés ?

Martine MONTEIL. – Cela s'est toujours dit. Il est vrai que l'on est régulièrement saisi d'affaires qui attirent les feux de l'actualité. Cela peut être des attentats mais aussi des dossiers qui touchent des personnalités, si l'on se souvient de certains enlèvements ou des dossiers politiques il y a quelques années. Ces dossiers que l'on dit « réservés », à grosse pression, attirent les médias mais aussi l'intérêt des autorités. C'est pour cela que la brigade s'attache à un recrutement extrêmement rigoureux. En général, les gens qui travaillent avec nous ont déjà fait leurs preuves en commissariats et en divisions de police judiciaire. Ils se sont fait remarquer par leur méthode et leur disponibilité, qui est un atout essentiel chez nous. Quand les officiers sont saisis d'une affaire, ils savent qu'ils sont partis pour plusieurs nuits de suite et que tout le monde est sur le pont sans que l'on batte le rappel, comme ce fut le cas lors de l'attentat de Port-Royal.

Subissez-vous des pressions politiques ou diplomatiques, comme lors de l'affaire Diana par exemple ?

La pression vient généralement des médias, avec lesquels il faut composer. Pour Diana, nous avons déployé un nombre maximum d'officiers bien qu'on ait pu penser, dès les premières constatations dans le tunnel de l'Alma, qu'il s'agissait d'un accident de circulation. Mais il fallait que l'on conduise ce dossier avec le même investissement humain que pour un dossier criminel : eu égard à la personnalité des victimes, le monde entier allait avoir l'œil rivé sur ce qui se déroulerait au Quai des Orfèvres. Il nous fallait rendre un rapport impeccable, ne laissant aucune part au doute. Alors oui, il y a eu de la pression et des collègues de Scotland Yard ont été envoyés par la Couronne. Mais ces derniers, venus en observateurs pour vérifier la thèse avancée par le service enquêteur, se sont rendu compte qu'il n'y avait rien à cacher.

> **« Durant l'affaire Diana, des collègues de Scotland Yard ont été envoyés par la Couronne. Mais, venus en observateurs pour vérifier la thèse avancée par le service enquêteur, ils se sont rendu compte qu'il n'y avait rien à cacher »**

Que pensez-vous de la manière dont a été menée l'enquête sur Guy Georges, le tueur en série de l'Est parisien ?

Le regret est de ne pas avoir disposé d'un fichier des empreintes génétiques. Si on avait eu cet outil, on aurait pu éviter plusieurs meurtres. Dans une autre affaire, par exemple la vieille dame retrouvée violée et tuée dans son appartement à Neuilly en octobre 1996, nous avions pensé aux méthodes de Mamadou Traoré *(le tueur aux poings nus qui attaquait des jeunes et jolies femmes dans les 12e et 13e arrondissements, NDLR)*. Mais on a eu tendance à l'éliminer de la liste des suspects car le lieu et le profil de la victime ne correspondaient absolument pas à ses autres agressions. C'est grâce aux comparaisons d'ADN qu'on a pu le confondre dans cette affaire.

Les tueurs en série ne constituent pas le gros de votre travail…

La France n'abrite pas beaucoup de meurtriers de ce type. Il y en a mais c'est sans aucune mesure avec ce qui se passe aux États-Unis. À chaque fois, les tueurs en série font partie des dossiers « prioritaires » qu'il ne faut pas laisser traîner. Ce fut le cas pour Guy Georges, par exemple : ce maniaque était parti pour faire d'autres victimes.

Lors de cette enquête, avez-vous pensé à recourir à des « profilers » ?
Au départ, les familles le voulaient. Dans la douleur, elles se raccrochaient à tout, après notamment avoir lu beaucoup de choses dans la presse. Mais nous n'étions pas favorables à la venue de ces « spécialistes » : nous sommes trop cartésiens pour croire qu'on peut établir un vrai profil de tueur à la simple vue d'une scène de crime. Sans ne croire qu'à la police de papa, nous estimons néanmoins que de bonnes constatations et une bonne communication entre les enquêteurs restent la meilleure base possible de travail. Après, on peut toujours utiliser des logiciels spécialisés de traitement de l'information criminelle. Mais on pourrait aussi faire appel à un magnétiseur ou encore à Madame Soleil...

Que peut-on encore améliorer à la Crim' ?
Travailler au plus près avec les techniciens de scène de crime car les magistrats se montrent de plus en plus exigeants au niveau des recueils de preuves.

On dit que la première femme patron de la Crim' doit travailler plus qu'un homme...
Ma façon de procéder est d'être très disponible, comme je l'exige de mes collaborateurs. Le fait d'être une femme n'a jamais été un problème. J'étais connue au Quai des Orfèvres bien avant d'y arriver car je venais de la brigade de répression du banditisme, un service voisin et relativement plus « physique ». Ce serait une forme de déloyauté que de ne pas être là au moment voulu. Quand on voit les filles égorgées de Guy Georges, sur le coup, c'est dur. On se dit qu'il faut foncer sur les traces de cet homme, sans laisser les familles au bord de la route.

« Quand on voit les filles égorgées par Guy Georges, sur le coup, c'est dur. On se dit qu'il faut foncer sur les traces de cet homme, sans laisser les familles au bord de la route »

Il vous reste combien d'affaires à élucider ?
C'est difficile à estimer car certaines affaires remontent aux limites de la prescription. J'ai récemment demandé de reprendre des affaires anciennes afin de voir dans les scellés s'il n'y aurait pas moyen de faire des analyses génétiques. Il y aura peut-être la possibilité de la faire rouvrir par le parquet. Même si on pouvait élucider deux ou trois de ces dossiers sur quarante, cela serait déjà formidable.

Parmi les affaires non résolues, y en a-t-il qui vous tiennent particulièrement à cœur ?
Bien sûr. Les affaires les plus frustrantes sont celles qui sont policièrement résolues sans que l'auteur soit en prison. Parfois, nous disposons d'éléments assez consistants qui ne sont pas considérés comme des preuves. Ici, on appelle cela les « dossiers d'ambiance ». On en a quelques-uns dans nos cartons... Je garde notamment en mémoire l'affaire d'un violeur et d'un tueur présumé interpellé il y a bien longtemps. Il avait réfuté nos accusations en bloc alors qu'on avait parié à 100 % que c'était l'auteur. Ce serait formidable de le confondre bien des années après.

La direction de la brigade criminelle, est-ce un poste que vous avez toujours voulu ?
Non, même si je dois reconnaître que c'est le rêve de tout policier. À une époque où j'aurais pu y venir comme chef de section, cela m'était impossible car j'étais déjà nommée à la brigade des stupéfiants pour un certain nombre d'années. J'osais à peine espérer y revenir en qualité de chef de service. Quand on m'a nommée, j'ai éprouvé un immense plaisir qui, depuis, ne s'est jamais démenti. Je suis à la tête d'une merveilleuse machine, composée d'hommes remarquables. Si c'était à refaire, je signerais à deux mains. ■

**Entretien paru dans* Le Figaro *le 26 août 1999.*

AVEC « HPI », AUDREY FLEUROT, DANS LA PEAU D'UNE FEMME DE MÉNAGE SURDOUÉE QUI DEVIENT CONSULTANTE POUR LA POLICE, A EMBALLÉ LES SPECTATEURS DE TF1.

La série policière, « petite

Le genre est assaisonnable à toutes les sauces. Il permet de rentrer dans l'intimité d'un foyer et d'évoquer des questions de société.

Par Constance Jamet

S'il est un endroit où les forces de l'ordre n'ont aucun problème de recrutement, c'est le petit écran. Depuis le début du PAF, le policier règne en maître. De *Maigret* au *Commissaire Moulin*, en passant par *Navarro*, *PJ*, *Engrenages* ou *La Promesse*, sa popularité ne s'est jamais démentie. « *Le genre n'a pas connu d'éclipse, porté par une constance étonnante, là où nous avons passé des décennies sans feuilletons médicaux ou de superhéros* », note Benjamin Fau, auteur du *Dictionnaire des séries télévisées* (1). Pour preuve, très récemment, les audiences records de *HPI* sur TF1 : 12 à 13 millions de fidèles des dons de déduction iconoclastes d'Audrey Fleurot, des scores qu'on avait plutôt l'habitude de voir à une époque où les chaînes de la TNT et les plateformes de streaming n'existaient pas. Le policier est assaisonnable à toutes les sauces : fantastique (*Ad Vitam*, Arte), historique (*Speakerine*, de France 2, *Paris Police 1900*, sur Canal+, sur les débuts et les écueils de la médecine légale dans la France de l'affaire Dreyfus), carte postale régionale avec la collection de France 3 « Meurtres à… ». « *C'est la petite robe qui peut habiller chaque fiction* », décrypte Frédéric Lavigne, directeur artistique du festival Séries Mania, « *à croire que l'on ne peut raconter une histoire sans cadavre* ». L'explosion des séries, à l'ère de la « Peak TV », n'a fait que renforcer leur nombre et omniprésence sur nos antennes comme celles de nos voisins américains, anglais ou allemands, pays des « krimi » bien plus variés que nos souvenirs des rediffusions de *Derrick* ou de *Rex* voudraient nous le faire croire.

La grammaire du genre policier est taillée sur mesure pour la narration sérielle. Les rebondissements d'une enquête créent un suspense qui capte l'attention. Leur rythme se prête et s'insère dans les contraintes de diffusion : coupures publicitaires, pause entre deux épisodes. Les enquêteurs

« ENGRENAGES » PLACE LE TRAVAIL POLICIER DANS UN CADRE PLUS LARGE, DANS SES RAPPORTS AVEC LE JUDICIAIRE OU MÊME LE POLITIQUE.

DANS LES SEVENTIES, LE COMMISSAIRE MOULIN (YVES RÉNIER) TENTE DE RAJEUNIR LE POLAR À LA FRANÇAISE.

robe noire » de la fiction

sont des héros récurrents et feuilletonnants par excellence auxquels on peut s'identifier. « *La figure du policier est celle qui est la plus proche de nous parmi les figures de personnages susceptibles de "vivre une aventure"* », avance Benjamin Fau. Pour Frédéric Lavigne, interrogatoires, perquisitions sont « *un mandat* » permettant de rentrer dans l'intimité d'un foyer et d'évoquer des questions de société (violences familiales, conjugales). « Engrenages *évoque l'intersection du travail entre police, justice et médias.* Mafiosa *racontait la société corse,* Braquo *les liens troubles entre gang et police.* »

FLICS EXCENTRIQUES ET DUOS DÉPAREILLÉS

La série policière se partage entre deux écoles, la proximité et le réalisme. Les trames qui privilégient la psychologie des limiers et des coupables, qui recherchent l'aveu, type Maigret, et celles qui mettent l'accent sur les faits concrets, qui recherchent les preuves, type Bourrel des *Cinq dernières minutes*. Dérivés de cette première classe, les anges gardiens de France 2 Capitaine Marleau, Candice Renoir, Caïn et autre Cherif. Le spectateur les suit semaine par semaine, moins par fascination pour leurs dossiers aux ficelles très perceptibles que pour le plaisir de retrouver un personnage familier doudou et de le voir évoluer et grandir. Ces sagas sont souvent celles qui adoptent le nom de leur protagoniste. Elles puisent dans la mode des flics excentriques et des duos dépareillés venus d'outre-Atlantique et popularisés par des sagas comme *Castle*, *The Mentalist*. *L'Art du crime*, *Astrid et Raphaëlle* où une commissaire et une documentaliste autiste font alliance, et l'hypocondriaque César Wagner ou le légiste qui parle avec les morts Balthazar (cette fois sur TF1), en sont les derniers ersatz.

Les créations américaines ont souvent influencé les scénaristes hexagonaux qui ont tenté, à chaque décennie, de rajeunir le genre. Dans les années 1960, face à Bourrel et à Maigret qui faisaient déjà leur âge, il y avait « *L'inspecteur Leclerc* » qui était présenté comme plus « *à l'américaine, (un peu) plus violent* », rappelle Benjamin Fau. Dans les seventies, rebelote : cette fois avec le Commissaire Moulin. Dans les années 1990, nouvelle idée empruntée, avec vingt ans de retard, aux prime times américains « Mystery Movie » : l'unitaire à personnage récurrent d'une heure trente. Apparaissent Navarro, héritier de la série noire, et la détonante Julie Lescaut, flic et mère divorcée. « *Ces marques apportent du neuf au début. Le problème est qu'elles ont duré beaucoup trop long-* »

» *temps et se sont sclérosées jusqu'au ridicule* », regrette Benjamin Fau. C'est seulement à la fin des années 1990 que les scénaristes prennent la mesure du tournant *Hill Street Blues* et *NYPD Blue* qui révolutionna, dans les années 1980 aux États-Unis, le ton des « procedurals ». « *La série policière tricolore commence timidement à se mettre au modèle choral : on s'intéresse de plus en plus au "réalisme" ou au moins à une certaine authenticité* », décrypte Fau. Éclosent *PJ* sur France 2, un rare exemple où les agents effectuent de la police « de proximité », et l'éphémère *Police District*, sur M6, où officie Olivier Marchal, alors uniquement acteur.

Engrenages, à son lancement en 2005, est un coup de tonnerre et place le travail policier dans un cadre plus large, dans ses rapports avec le judiciaire ou même le politique. Ses auteurs, Alexandra Clert, Virginie Brac ou Anne Landois, qui se succéderont au fil des saisons, travaillent avec un commissaire, Éric de Barahir, dont les expériences les inspirent. Canal+ semble être le refuge de ces fictions noires et âpres. Suivent en 2006 et 2009 *Mafiosa*, sur le banditisme corse, et *Braquo*, créée par Olivier Marchal.

« *Olivier Marchal a fait beaucoup pour le genre en mettant au centre le flic tourmenté borderline, aux écarts de comportement, aux relations troubles qu'il peut entretenir avec ceux qu'il poursuit* », opine Frédéric Lavigne. Il s'agit d'un réalisme psychologique (plus que procédural) qu'encourage l'essor du « nordic noir », où le crime ancré dans une atmosphère et un territoire crépusculaires va faire ressortir le trauma, le passé pesant de son limier comme le poisseux *Promesse* sur TF1, imaginé par cette même Anne Landois avec Olivier Marchal. Ce courant va aussi nourrir la tentation fantastique où le polar s'installe dans un entre-deux entre conte, fantasmagorie et réel comme *Les Témoins*, des spécialistes de ce genre hybride Hervé Hadmar et Marc Herpoux, *Zone blanche* (France 2) ou *Maroni* (Arte). Ce focus sur la psyché meurtrie des flics montre aussi les limites de la vérisimilitude à la française, malgré les consultants ex-PJ, GIGN, BAC ou psychologues employés sur les tournages. Le format 52 minutes impose une résolution rapide, là où les mini-séries ou les saisons bouclées, comme *Engrenages*, ont l'avantage du temps long pour dérouler les procédures. Mais même la saga culte de Canal+, qui revendra finalement à l'antenne, « *ne dépasse pas du paradigme des policiers empêchés par la société, la hiérarchie, les collègues ripoux de faire*

« PARIS POLICE 1900 » DE CANAL+ RACONTE LA NAISSANCE DE LA POLICE SCIENTIFIQUE SUR FOND D'AFFAIRE DREYFUS.

« CAPITAINE MARLEAU » ET LA GOUAILLE DE CORINNE MASIERO.

YVES RÉNIER ET JOHNNY HALLYDAY DANS « COMMISSAIRE MOULIN ».

leur travail et qui doivent franchir les limites de la légalité et de la morale », déplore Benjamin Fau. Également critique envers la vision d'Olivier Marchal « *doloriste teinté de virilisme* ». « *Ce n'est pas parce que c'est noir, violent et déprimant que c'est réaliste* », plaide-t-il. Comme la série éducative, la série policière n'a pas encore trouvé la création qui ferait ce qu'*Hippocrate* de Thomas Lilti a fait pour la fiction hospitalière : oser une peinture du quotidien du plus prosaïque au plus exceptionnel avec une exploration d'un écosystème, des échelons les plus bas au plus haut, qui permet d'évoquer la société d'aujourd'hui.

UN NATURALISME POUSSÉ À L'EXTRÊME

« *On peut se demander quelle image décourageante renvoie la fiction policière du métier présenté comme éprouvant, brutal, avec des horaires à rallonge qui sacrifient la vie familiale* », s'interroge Frédéric Lavigne. Si *Urgences* a suscité des vocations de médecin, quid de la série policière ? La fiction française peine aussi à confronter la question des bavures, plus souvent abordées sur grand écran. « *Quelque chose comme l'espagnol* Antidisturbios *est inconcevable à notre époque de tension où on fuit absolument tout ce qui peut être clivant* », regrette Benjamin Fau.

Une troisième voie viendra peut-être du « true crime », la reconstitution de grandes affaires criminelles très en vogue aux États-Unis, avec des sagas comme *The Act* ou *Dirty John*. TF1 a mis en boîte *Une affaire française*, récit de l'affaire Gregory Villemin, avec Blandine Bellavoir et Guillaume de Tonquédec. En cas de succès, la Une voudrait se pencher sur d'autres faits divers emblématiques. France 2 a placé la barre très haut avec l'éblouissant *Laëtitia*, qui retrace l'enquête ayant abouti à l'arrestation de Tony Meilhon. La minisérie revenait sur la violence sociale et économique ayant régi la brève existence de Laëtitia Perrais et de sa jumelle, placées en famille d'accueil. La rigueur du projet devait beaucoup à son initiateur Jean-Xavier de Lestrade. L'ancien documentariste oscarisé mène à chaque fiction un minutieux travail d'enquête, ce qui lui permet un naturalisme poussé à l'extrême, déjà bouleversant dans *3 x Manon*, qui évoquait les centres d'accueil, et *Jeux d'influence*, sur les lobbys des pesticides. La série policière fera le miel des esprits fertiles. ■

MAIGRET (INCARNÉ ICI PAR BRUNO CREMER) FAIT PARTIE DE CES LIMIERS CATHODIQUES QUI PRIVILÉGIENT LA PSYCHOLOGIE, QUI RECHERCHENT L'AVEU DES COUPABLES.

(1) « Dictionnaire des séries télévisées », Benjamin Fau et Nils C. Ahl (dir.), deuxième édition revue et augmentée, Éditions Philippe Rey, Paris 2016, 1 116 p., 34,90 €.

Danielle Thiéry
Une plume et des crocs

L'EX-COMMISSAIRE DANIELLE THIÉRY EN 2018.

Première femme divisionnaire de l'histoire de la police française, elle écrit aujourd'hui des polars et a eu l'honneur de recevoir le prix du Quai des Orfèvres en 2013.

*Par Jean-Marc Leclerc**

Découverte d'ossements sans tête au zoo de Vincennes, disparition d'une fillette à Thoiry... Les membres de la famille de la Panouse, qui gèrent ce « parc safari » à quelques encablures de Paris, se souviendront du dernier ouvrage de Danielle Thiéry. Pour écrire son polar *Féroce*, paru chez Flammarion, cette ex-commissaire s'est rendue à maintes reprises dans leur propriété, entre l'enclos des hyènes et le tunnel des lions. Elle a interrogé ses hôtes, cherchant à confronter leur science de la prédation animale à sa connaissance empirique des tréfonds de l'âme criminelle. Qui de l'homme ou de la bête est vraiment le plus cruel ? La réponse se fait prévisible, mais quel récit haletant pour qui a le cœur bien accroché !

La police n'a jamais quitté la commissaire Thiéry. Comment échapper à un milieu qui vous a tout donné ? Son père, policier, formait près de Dijon les profs de judo et de self-défense des élèves gardiens de la paix. Son frère était chez les CRS. Il lui a fallu éduquer ses deux enfants, Frédéric et Marie, tout en exerçant *« un métier d'homme »*.

Avec déjà vingt-cinq ouvrages à son actif, elle marche sur les brisées des Borniche, des Le Taillanter. En tête de gondole avec les Pagan, les Souvira. Les flics romanciers, garants d'un réalisme saisissant, ont la cote chez les éditeurs. Prix de Cognac, prix de sa Bourgogne natale, prix du Quai des Orfèvres pour son roman *Des clous dans le cœur*, elle l'avoue : *« La chasse, la traque, c'est ce qui m'a toujours fait vibrer. »* La bonne vieille PJ, en somme. Et pourtant, la commissaire Thiéry a surtout servi à la police aux frontières. À 42 ans, elle crée et dirige, sous l'impulsion d'un Michel Rocard visionnaire, la brigade de sécurité des chemins de fer, pour pacifier les trains de la banlieue parisienne, devenus de véritables coupe-gorge à la fin des années 1980.

Plus tard, elle animera, là encore en précurseur, la direction de la sûreté d'Air France. Elle a vécu en direct à ce poste la prise d'otages de l'Airbus de Marignane, en 1994. « *Le téléphone a sonné en plein réveillon de Noël et je me suis retrouvée embarquée pour cinquante-quatre heures d'intensité extrême* », se souvient-elle.

Mais avant, bien avant, c'est vrai, il y eut les mineurs, la drogue, les mœurs. La Grande Maison qui l'a vue naître était peuplée de figures. Ses collègues et patrons avaient pour nom Claudius Poussière, Aimé Paquet, Archange Colonna. « *Des trognes !* », lâche-t-elle. Nostalgique, Mme la commissaire ? « *La police est un peu formatée aujourd'hui. Et puis, il n'y a plus de braqueurs, ils ont sombré avec les distributeurs de billets* », assène-t-elle.

LA PLUME ET LE VERBE

Très tôt, elle se distingue. En 1974, alors chef des Stups à la sûreté de Lyon, la voici bombardée porte-drapeau de la cause féminine version chic et choc. Elle participe à l'émission « Les femmes à la barre », sur Radio France. Trois jours à courir les studios, aux côtés de la première femme à avoir gravi l'Everest ou de Régine Deforges, célébrée pour ses écrits libertins. 1976. C'est le grand saut ! Elle passe le concours interne de l'école des commissaires et y entre major. Ses études classiques latin-grec au lycée lui ont assuré des bases solides. À l'oral, elle ne se démonte pas. Et elle a la baraka.

« *Toute ma vie, on est venu me chercher* », s'amuse-t-elle. « *Surtout la gauche* », persiflent ses détracteurs. « *Danielle a dirigé des centaines d'hommes et a fait de la bonne police* », corrige un ancien de l'Antigang. En 1986, elle œuvre à la sécurisation du tunnel sous la Manche, dossier sensible s'il en est. « *C'est curieux, on a mis vingt ans à supprimer les contrôles aux frontières, et là, on nous annonce qu'il est urgent de les rétablir* », ironise celle qui codirigea également, avec Émile Pérez, le Syndicat des commissaires et des hauts fonctionnaires de la police nationale.

Attachante, incisive, Danielle Thiéry est un peu comme son héroïne, la commissaire Edwige Marion, qui revient dans treize de ses livres. « *Au fil du temps, elle m'ennuyait et j'ai besoin d'être surprise. Alors je lui ai mis une balle dans la tête. Je lui ai fait subir des outrages.* » Edwige n'est pas morte. « *Elle avait 30 ans quand je l'ai inventée. Elle en a 48. Elle vieillit. Un peu borderline, dépressive, c'est une femme libre. On sait qu'elle a eu un mari. Ni fidèle ni jalouse, c'est elle qui s'identifie à moi.* » Sauf que Danielle Thiéry est mariée au même homme depuis toujours.

Il y a vingt-sept ans, Michel Drucker est tombé sous son charme à la Mireille Darc et lui a fait rencontrer le père du feuilleton *Navarro*. Hervé Bourges encouragea son premier projet de série télévisée, finalement portée à l'écran, *Quai no 1*.

Elle fut, en 1991, la toute première femme nommée commissaire divisionnaire. Une promotion accordée peu de temps après, cette année-là, à deux autres patronnes de caractère, Mireille Ballestrazzi et Martine Monteil, qui se succédèrent comme directrice centrale de la police judiciaire. Nos trois divisionnaires héritèrent à l'époque du surnom des « Trois Grâces ».

Féroce, la « maison poulaga » ? La commissaire Thiéry s'y est fait les crocs. Sa plume et son verbe sont sans détour. « *Je refuse le voyeurisme,* déclare-t-elle. *Décrire les viols, c'est un truc de mecs. Les femmes ne sont pas comme ça !* » Et quand elle le dit avec ces yeux-là, on n'a pas envie de la contredire. ■

**Article paru dans* Le Figaro *le 5 mai 2018.*

BIO EXPRESS

1947 Naissance à Viévigne (Côte-d'Or).
1965-1969 Études de droit et éducatrice spécialisée.
1969 Officier de police adjoint (ex-inspecteur).
1976 Commissaire de police.
1989 Chef de la brigade de sécurité des chemins de fer.
1992 Secrétaire général adjoint du Syndicat des commissaires.
1995 Détachée à la sûreté d'Air France, publie son premier roman.

CRÉDITS PHOTOS

ILLUSTRATIONS DE LA COUVERTURE ET DES OUVERTURES : MATHIEU PERSAN

ILLUSTRATIONS DE L'ÉDITORIAL ET DES CONTRIBUTEURS : GANAËLLE TILLY

PAGE 9 : JEAN-CHRISTOPHE MARMARA / LE FIGARO
PAGE 16 : TAILLANDIER / BRIDGEMAN IMAGES
PAGE 30 : AFP
PAGE 31 : RENÉ DAZY / BRIDGEMAN IMAGES
PAGE 32 : REUTERS / DYLAN MARTINEZ
PAGE 35 : TAILLANDIER / BRIDGEMAN IMAGES
PAGE 36 : DSK / AFP
PAGE 40 : CAPTURE D'ÉCRAN YOUTUBE
PAGE 43 : DOMINIQUE FAGET / AFP
PAGE 44 : FRÉDÉRIC REGLAIN / GAMMA
PAGES 47 À 51 : PJ-PP
PAGES 53 ET 55 : COLLECTION PRIVÉE
PAGES 57 À 62 : PJ-PP
PAGE 77 : SÉBASTIEN SORIANO / LE FIGARO
PAGES 78 ET 79 : GILBERT UZAN / GAMMA RAPHO
PAGES 82 À 85 : COLLECTION PRIVÉE
PAGE 86 : VSD / SIPA ; COLLECTION PRIVÉE
PAGES 87 ET 88 : COLLECTION PRIVÉE
PAGE 89 : REPRODUCTIONS DE UNES DE LA PRESSE QUOTIDIENNE ET MAGAZINE FRANÇAISES ET JAPONAISES
PAGES 90 ET 91 : COLLECTION PRIVÉE
PAGE 92 : COLLECTION PRIVÉE ; RENÉ SAINT-PAUL / BRIDGEMAN IMAGES
PAGE 93 : BERNARD CHARLET / FONDS FRANCE SOIR / BHVP / ROGER-VIOLLET ; COLLECTION PRIVÉE
PAGE 94 : MARC CHARUEL
PAGE 95 : ARNAUD JOURNOIS / LE PARISIEN / MAXPPP ; FRANÇOIS BOUCHON / LE FIGARO ; BERTRAND GUAY / AFP
PAGES 96 ET 97 : AFP
PAGE 98 : COLLECTION PRIVÉE
PAGE 99 : MEYER SARREGUEMINES – SPA PARIS / COLLECTION PRIVÉE
PAGE 100 : COLLECTION PRIVÉE
PAGE 101 : ALBERT ARLINGUE / ROGER VIOLLET ; MP LEEMAGE ; AGIP / BRIDGEMAN
PAGE 102-103 : IDENTITÉ JUDICIAIRE
PAGE 107 : FRANCK FIFE / AFP
PAGES 115 ET 117 : COLLECTION PRIVÉE
PAGE 124 : JEAN-CHRISTOPHE MARMARA / LE FIGARO
PAGE 126 : COLLECTION PRIVÉE
PAGE 129 : JEAN-PIERRE MULLER / SIPA
PAGE 130 : ROGER BERSON / ROGER-VIOLLET
PAGE 137 : MAXPPP / PHOTOPQR / LE TÉLÉGRAMME
PAGE 138 : COLLECTION PRIVÉE
PAGE 147 : LEEMAGE VIA AFP
PAGES 156 ET 160 : JEAN-CHRISTOPHE MARMARA / LE FIGARO
PAGE 169 : YOAN VALAT / WOSTOK PRESS / MAXPPP
PAGES 172 ET 173 : THIBAULT GRABHERR/TF1 ; STÉPHANE GRANGIER/SIMON TOUPET/CANAL+ ; FRANÇOIS PUGNET/TF1 ; VINCENT FLOURET ; CHRISTOPHE BRACHET/FTV ; AGENCE ANGELI ; LAGARDÈRE ENTERTAINMENT RIGHTS/ALEXANDRA BOULAT
PAGE 176 : FRANÇOIS BOUCHON / LE FIGARO